Anna Gelbert

#perfektetexte

#perfektetexte

Schreiben für Social Media

von Anna Gelbert

Verlag Franz Vahlen München

Anna Gelbert ist TV-Producerin und Autorin. Sie bringt als Dozentin Nachwuchsjournalisten bei, wie man richtig gut schreibt. Außerdem spricht sie auf Blogger-Events über – was wohl? – das Texten. Daneben beweist sie auf ihrem Kolumnen-BLOG **www.annagelbert.com** und auf Social Media: Nicht nur Fotos sind eine harte Währung, sondern auch Sprache.

Bildnachweise:
Alle Fotos der Autorin: Stefanie Schumacher / Schoko-Auge
S. 41: Yerpo / CC-BY-SA (https://creativecommons.org/licenses/by-sa/4.0)
S. 89: Ann Solie
S. 95: Laura Joelle
S. 97: Sigrid Franz
S. 106: Robert Sakowski

ISBN Print: 978 3 8006 6176-3
ISBN ePDF: 978 3 8006 6177-0
ISBN ePub: 978 3 8006 6178-7
© 2020 Verlag Franz Vahlen GmbH, Wilhelmstraße 9, 80801 München
Layout: Heidi Eichner – HEIDIsign.de
Satz: Fotosatz Buck
Zweikirchener Str. 7, 84036 Kumhausen
Druck und Bindung: Westermann Druck Zwickau GmbH
Crimmitschauer Straße 43, 08058 Zwickau
Umschlaggestaltung: Heidi Eichner – HEIDIsign.de

CO_2 neutral

vahlen.de/nachhaltig

Gedruckt auf säurefreiem, alterungsbeständigem Papier
(hergestellt aus chlorfrei gebleichtem Zellstoff)

Für meine Eltern.

Über die Autorin

ANNA

GELBERT

erzählt seit zwei Jahrzehnten Geschichten.
Als Promi-Reporterin und Head-Autorin für
Boulevard-Magazine im Fernsehen, als TV-Producerin,
als Bloggerin für ihren Kolumnen-Blog
www.annagelbert.com, ...
als Texterin, Text-Dozentin, Speakerin auf
Blogger-Events und als Instagram-Akteurin.
Dass die Bereiche TV, Schreiben und Social Media
irgendwann zusammenfließen mussten, war nur
folgerichtig. Denn unsere Außenwirkung in Social
Media wird immer mehr von der Frage bestimmt:

Wie kommt die Story ans Bild? Und weiter:
Wie macht eine gute Story ein gutes Bild noch
wirksamer? Auf diese Fragen soll dieses Buch
schnelle, verständliche Antworten geben.

Anna Gelbert hat zwei Kinder
und lebt in München.

@ annagelbert.com

INHALT

PLATTFORMGERECHTES SCHREIBEN

ZUM SCHLUSS

1

ES GEHT LOS

SCHÖN ♥
SCHREIBEN – GEHT DAS? UND WIE!

In Zeiten, in denen Instagram und Co uns weismachen wollen, dass es nur um Bilder geht, ist der Text ins Hintertreffen geraten. Zu Unrecht. Lausig formulierte Promi-Posts, Apostroph-Flut an den unpassendsten Stellen, schlampig redigierte Online-Artikel – **schlechtes Deutsch begegnet uns überall**. Das Problem: Mittlerweile wird miese Sprache von Millionen gelesen und kopiert. Zeichensetzung scheint nur noch eine freundliche Empfehlung zu sein – und nicht etwa ein Regelwerk.

Weg von der Sprachschlamperei und hin zu guten Sätzen, sexy Teasern und originellen Hashtags – das sollte für uns alle gelten. Ob Youtuber, Podcast-Macher, Firmen-Website-Schreiber oder Hobby-Instagrammer, ob Redaktions-Profi oder Facebook-Urlaubs-Bericht-Schreiber, ob LinkedIn-Netzwerker oder Twitter-Pro: Lasst uns alle besseres Deutsch sprechen und schreiben!

Noch ist da viel Luft nach oben: Noch wird geschlampt und gespart. Warum sollte eine Firma teure Edelfedern bezahlen, wenn es Prakti Jule locker nebenbei erledigen kann? Die macht doch Instagram? Da wird die auch ein paar Sätze zusammenschustern können. Diese Rechnung geht eben nicht auf. Zum einen, weil Prakti Jule nach spätestens drei Monaten wieder über alle Berge ist. Zum anderen, weil jede erfolgreiche Schreib-Performance EINE Handschrift, eine Personality und einen Stil braucht.

Ich werde in diesem Buch die Social Media-Kanäle behandeln, die ich für die wichtigsten Text-Spielwiesen halte. Die Auswahl ist subjektiv und beruht auf Erfahrungswerten: Instagram, Blog, Facebook,Twitter, LinkedIn, Podcast, YouTube.

Außen vor lasse ich Pinterest (zu bildlastig) und Newsletter: Ich weiß, viele schwören drauf. Für mich steht auf Newslettern aber nur eine Handlungsanweisung: Löschen! Ich mag kein Teil einer Gemeinde sein, für die etwas zusammengeschrieben wurde, und sei es noch so liebevoll und handverlesen. Der Newsletter von vor einer Stunde ist schon alt, wenn jemand auf SENDEN gedrückt hat. Für mich hat er zudem zu viel Werbliches. Aber natürlich machen die Handwerksregeln aus diesem Buch auch Newsletter lesbarer.

Alle Tipps hier sind natürlich anwendbar auf Firmen-Content-Marketing. Das ist zwar eine spezialisierte Form des Textens und wird gesteuert von Unternehmens-Policy. Trotzdem gibt es auch hier schöne Wege, zu formulieren.

Ich schreibe für jeden, der lesenswerte Texte in den sozialen Medien absetzen will. Aber Vorsicht:

LASST EUCH VON DEM
LOCKEREN SETTING
IM NETZ NICHT TÄUSCHEN!

Auch hier gibt es NoGos, auch hier kann man sich blamieren. Damit es gar nicht erst soweit kommt, gibt es dieses Buch.

Ich habe viele Leute aus dem TV- und Social Media-Bereich bemüht. Zu Wort kommen ein Moderator, eine Fashion-Bloggerin, die langjährige Chefredakteurin einer Mode-Bibel, ein Start-Up-Gründer für Podcasts, eine YouTuberin und ein YouTuber-Vermarkter. Ich freue mich, dass sie mir ein bisschen ihrer Zeit und Erfahrung geschenkt haben, was auch meine These bestärkt: Netzwerk lohnt sich immer. Irgendwann. Irgendwie. Dank ihnen kann ich Euch wertvolle Tipps von Profis an die Hand geben. Nicht mit allen Social Media-Kanälen kenne ich mich gleich gut aus. Aber ich kenne genügend Leute, die Meister auf dem einen oder anderen Gebiet sind. Sei es Krisen-Kommunikation oder die 360 Grad-Selbstvermarktung mittels Text – nirgendwo kann man so schnell vom Lehrling zum Gesellen und dann Meister werden wie auf Social Media. Wir können Workshops besuchen – müssen aber nicht. In der Regel reicht selbst für Elektronik-Muffel wie mich Neugier und ein bisschen Willen, sich das Zeug drauf zu schaffen. Ein Account ist schnell eingerichtet: Man schießt ein paar gute Bilder mit dem Smartphone – und dann kann's auch schon losgehen, oder...?!

Nicht ganz, denn hier lauert noch einmal die größte Gefahr: Den Auftritt mit miesem Text noch zu schreddern. Und hier kommt dieses Buch ins Spiel.

Ich versuche, allen Menschen, sprachlich gerecht zu werden, ohne zu verkrampft zu sein. Ich selbst musste mich beim Schreiben fragen, wie ich Euch tituliere. Ich bemühe mich um neutrale Bezeichnungen. Manchmal wirkt es aber so ungelenk, dass ich bei „Lesern", „Usern" und „Followern" bleibe. Selbstverständlich sind alle Geschlechter gemeint. Es ist eine knifflige Zeit sprachlicher Übergänge. Ich bin sicher: Wenn wir eine Weile in alle Richtungen experimentieren, finden wir eine Linie, mit der alle leben können.

Ich zeige Euch in kleinen, gut verdaulichen Häppchen, wie Ihr für Social Media schreibt.

Ihr werdet sehen: Gerade in den sozialen Medien verlockt der Gedanke, dass Schreiben unkompliziert, schnell, provisorisch ist. Zum Teil stimmt das. Es ist gut, weil die Hemmschwelle, etwas zu veröffentlichen, kleiner wird. Es ist gut, dass es auf Social Media mehr Freiheiten gibt.

Aber: Ohne eine gute Vorbereitung geht auch bei Posts nichts. Das Schreiben selbst ist nur die Spitze des Eisbergs. Davor solltet Ihr ein paar Rahmenbedingungen verinnerlichen – weshalb die handfesten „Mach dies, mach das"-Tipps erst spät in diesem Buch auftauchen.

Ich wollte kein sperriges Standardwerk kreieren, das Ihr von der Steuer absetzt und dann in Euer Arbeitszimmer-Regal stellt. Ich will, dass Ihr es dort lest, wo Ihr auch postet: Im ICE, im Café, auf der Toilette. Es soll handlich sein und Euch in wenigen Stunden fit fürs Texten machen. Sollt Ihr Thomas Mann werden? Nein. Auch beim Nobelpreis-Komitee werdet Ihr vermutlich nie antanzen. Was Ihr aber mithilfe dieses Buches könnt: Besser schreiben, Eure eigene Sprache finden, Eure Fans in Euren Wortkosmos einladen. Also, ran da, es dauert nicht lange – und tut auch fast gar nicht weh...

Wie können Worte Bilder noch wirksamer machen? Mit dieser Frage beschäftige ich mich, seit ich vor zwanzig Jahren den Fuß auf TV-Boden gesetzt habe. In Tausenden von Beiträgen habe ich gelernt, wie die richtigen Worte Bilder zum Leben bringen und perfekt ergänzen. Der Text, oft ungeliebte Endstation im Produktionsprozess, ist neben dem Bild das wichtigste Tool, um Wirkung zu erzeugen. Wer hat noch nie ein Tränchen verdrückt, weil zu einem rührenden Bild noch genau dieser Satz kam, der das Fass zum Überlaufen brachte? Eine Menge TV-Formate setzen inzwischen auf ihren Text als Alleinstellungsmerkmal. Sendungen wie „Das perfekte Dinner" funktionieren auch auf der Textebene hervorragend. Nicht alle, aber viele Medienmenschen haben begriffen, wie wichtig gute Texte für jedes Format sind.

Wir TV-Leute haben außerdem verinnerlicht, jeden Beitrag mit einem **Teaser** zu versehen, also mit einer knackigen Headline zu verkaufen. Es ist für die meisten Fernsehschaffenden keine Kunst, den Text für ein Vier-Minuten-Stück zu schreiben. Aber ein Teaser von 12 Sekunden stellt selbst für erfahrene TV-Köpfe eine Challenge dar. Genauso funktioniert das auf Social Media: Wer seinen Content nicht verkauft, wird auch darüber hinaus nichts verkaufen.

Außerdem lernen TV-Redakteure, **Anmoderationen** für ihre eigenen Beiträge zu schreiben – und nichts anderes braucht Ihr für Social Media: Einen Appetizer, eine Rampe, die die Viewer in Euer Reich führt.

Am Ende des Tages wollen wir alle etwas in die Welt tragen: Inhalte, Produkte – uns selbst. 2020 sind aus Zuschauern auch User geworden – und die haben ein anderes Verhalten. Die **Aufmerksamkeitsspanne ist winzig**. Wer postet, hat nur wenige Sekunden, um zu wirken. Die Leute wollen außerdem 24/7 mit frischem Content beliefert werden. Hier gilt umso mehr: Wer zu seinen Bildern Worte findet, ist erfolgreicher.

Was ich voraussetze: Dass Ihr schon **eigene Ideen** habt, **worüber** Ihr schreibt. Es gibt zahlreiche Blogartikel im Netz, die Euch bei der Ideenfindung helfen. Ich sage Euch, wie Ihr Euren Content sprachlich veredelt.

Sind Social Media Aktive gleich Influencer?

Aber, wer sind WIR überhaupt? Was ist der gemeinsame Nenner zwischen mir und Euch? Es ist der Wunsch, perfekte Texte in den Sozialen Medien zu veröffentlichen. Aber sind wir deswegen alle Influencer? Bin ich schon Influencer, wenn ich ab und zu bei Twitter in eine Diskussion einsteige?

Es gibt die Gelegenheits-Schreiber und Profis, die mehrmals wöchentlich oder sogar täglich Texte auf Social Media schreiben. Wenn Ihr Euch ein Buch kauft, um Eure Skills hier zu verbessern, gehe ich davon aus, dass Ihr aktiv seid oder werden wollt. Und, dass Ihr Euch eine Follower-Gemeinde aufbauen wollt. Aus eigener Kraft und ohne gekaufte Bots. Ich habe mir zu Beginn meiner aktiven Instagram-Phase mal welche gekauft und musste feststellen, dass sie nach ein paar Tagen alle wieder verschwunden waren: Ich war naiverweise in die erstbeste Falle gelaufen. Reichweite aufbauen geht tatsächlich nur, wenn Eure Qualität **weit reicht**. Dieses Buch richtet sich an alle, die Texte veröffentlichen – egal, ob sie bezahlte Markenbotschafter sind oder aktive Normalos.

Die Seite Marketinginstitut.biz definiert Influencer so:

EIN **INFLUENCER** IST IM ALLGEMEINEN EINE PERSON, DIE MIT IHREN INHALTEN (TEXT, BILD, AUDIO ODER VIDEO) ÜBER SOCIAL MEDIA-KANÄLE IHRE ZIELGRUPPE ERREICHT UND DAMIT EINE EIGENE SOZIALE REICHWEITE ERLANGT.

Zur Erinnerung nochmal die wichtigsten Arten von Influencern:

1) Super- oder Mega-Influencer

haben Millionen Follower und Abonnenten, meist ein eigenes Team, das ihnen mit dem Content hilft. Sie verdienen viel Geld damit.

2) Star-Influencer

gehören zu dieser Gruppe, haben aber vor allem wegen ihres Promi-Status eine große Fan-Gemeinde: Sportler*innen, Popstars, Schauspieler*innen lassen Millionen an ihrem Leben teilhaben. Begrenzte Interaktion mit den Followern.

3) Macro-Influencer

haben mehr als 50 000 Follower, nicht nur in Deutschland. Sie posten viel und gelten in ihrer Welt als Trendsetter.

4) Micro-Influencer

10 000–25 000 Follower, agieren oft in einer Special Interest-Sparte. Sie haben treue, themenaffine Anhänger und viel Interaktion.

5) Nano-Influencer

50–10 000 Follower, haben in ihrer kleinen, sozialen Gruppe viel Einfluss. Sehr engagiert.

6) Rising Influencer

sind die Stars von morgen. Sie haben hohe Zuwachsraten. Diese Talente zu erkennen, ist zum Millionen-Business geworden.

Für viele von Euch klingt das sicher erstmal wie eine andere Welt. Ihr werdet denken: „Nur, weil ich ab und zu ein paar Zeilen bei Facebook veröffentliche, bin ich doch noch lange kein Influencer?" Doch. Wenn Ihr das regelmäßig tut, seid Ihr laut Definition genau das: Ihr beeinflusst die Menschen – und das geht auch durch Texten. Im vergangenen Jahr durfte ich die ABOUT YOU Awards besuchen, wo besondere Verdienste von „Content Creators", also Inhalts-Gestaltern, ausgezeichnet wurden. Auch hier zeigte sich: Sieger wie Riccardo Simonetti sind vor allem deshalb so erfolgreich, weil sie Geschichten über sich erzählen, ja, weil sie **selbst** die Geschichte sind.

Soweit zur Senden-Seite, aber wie sieht es auf der Empfangen-Seite aus? Wer liest die Posts überhaupt? Es ist wichtig, ein Gespür dafür zu bekommen, für wen Ihr schreibt.

Wie soll das gehen ohne Marktforschung, fragt Ihr Euch jetzt vielleicht. Mit ein paar einfachen Kniffen könnt Ihr das auch!

FOLLOWER VERSTEHEN

Im TV gibt es 1000 Marktforschungs-Tools, die das Seh-Verhalten genau analysieren. Essen die Leute beim Glotzen? Verlassen sie während der Werbung öfter den Raum? Sitzen sie in einer Polstermöbel-Ecke oder am Esstisch? Schauen sie zusammen oder alleine?

Bei Social Media lässt sich genau analysieren, wie viele Menschen wie lange auf einer Seite bleiben. Welche Themen besonders geklickt werden – und welche besonders viele Kommentare bekommen.

Es gibt drei Arten von Followern:

1) Die **Aktiven** sind eine feste Größe auf Social Media, kommentieren und liken viel und haben sich so eine Bubble aufgebaut. Sie sind in der Regel treu, suchen das Gespräch und springen nicht gleich ab, wenn ihnen ein Post nicht gefällt. Für sie seid Ihr Influencer – ob mit 1000 Followern oder 30 000. Ihr beeinflusst ihr Denken und ihre Kaufentscheidungen.

2) Die **Zaungäste** haben oft nicht mal ein Profil-Foto, tragen selten bis nie etwas bei und spannen nur, wer was macht. Oft folgen sie neben Euch noch 500 anderen Leuten und entfolgen sofort, wenn ihnen ein Post nicht passt. Fairer wäre es, das in einem Kommentar zu begründen, aber stattdessen: Social Media-Ghosting. Die Leute verschwinden einfach. Diese stumme Masse hilft nicht beim Aufbau einer Community – und kann höchstens eines Tages aktiv werden, wenn vielleicht ein Thema von Euch kommt, das sie wirklich von den Socken haut. Gern sind diese Leute im Staatsdienst und wollen sich nicht angreifbar machen, oder es sind Ex-Beziehungen, die hier Fern-Stalking betreiben. In der Regel bringen sie Euch nichts, weil wenig bis gar kein Feedback kommt.

3) Zwischen diesen beiden Welten liegen: Die **Wählerischen**. Ich habe zum Beispiel viele wählerische Follower auf LinkedIN. Sie lesen meine Posts über einen längeren Zeitraum, geben sich erst spät als Fans zu erkennen, bewegen sich sprachlich meist auf hohem Niveau. Diese Follower können in Sachen Netzwerk richtig was bringen:

Spaß, weil der Austausch mit ihnen befruchtend sein kann. Jobs, weil sie gerne mal an Schlüsselpositionen sitzen. Die Wählerischen gilt es zu gewinnen: Sie sind wohlwollend, aber kritisch und wollen überzeugt werden. Das geht am einfachsten mit einer konstant guten Sprache.

Natürlich gibt es noch die **Trolle**, also Leute, die die Diskussions-Kultur verlassen und stumpf drauflos ranten, also ihrem Zorn Luft machen. Wie man so einen Shitstorm eindämmt, dazu komme ich später.

Es ist wichtig, zu verstehen, wer am anderen Ende sitzt. Aber: Es ist **nicht DAS Wichtigste**. Schreibt, was Euch am Herzen liegt. Schreibt so schön wie möglich – ohne daran zu denken, dass Lea und Jan da draußen vielleicht nicht in Stimmung für einen Artikel zum Thema Dating sind.

Biedert Euch nicht zu sehr an.

Ich habe mir anfangs einen Redaktionsplan gemacht, so, wie es in diversen Blogger-Ratgebern steht: Kurz vor Weihnachten der obligatorische Muttis-im-Familienstress-Post, im Frühling irgendwas mit Abnehmen, saisonale Do-It-Yourself-Posts für die Wohnung. Alles legitim. Ich glaube aber: **Erst müsst Ihr Euren Schreibstil finden.** Eure Story erzählen, Eure unverwechselbare Marke schaffen. Dann kommen all diese Dinge noch glaubwürdiger rüber – und nicht als Teil eines Jahresplans.

BEDÜRFNISSE
WECKEN – UND ERFÜLLEN

Weshalb Ihr dieses Buch in der Hand haltet? Weil Ihr begriffen habt, dass influencen, also beeinflussen, keine Einbahnstraße ist. Es geht eben nicht nur darum, den Leuten schöne Fotos zu servieren und auf ein Like zu hoffen. Es geht darum, sie auf eine Reise zu schicken. Von „Kenn ich nicht´ zu „muss ich haben", wie es die Autorin Daniela Rorig in ihrem Buch „Texten können" treffend beschreibt. Aus dem Marketing kommt der Begriff **Customer Journey**. Er bezeichnet die einzelnen Zyklen, die ein Kunde durchläuft, bevor er sich für den Kauf eines Produktes entscheidet. Wir sind hier schon tief in der Marketing-Wissenschaft. Aber das muss Euch nicht abschrecken. Wer die Welt von Social Media betritt, muss wissen: Ab jetzt ist alles Verkaufe, egal, ob Ihr Sportklamotten bewerbt oder Sofakissen.

AUF DER **CUSTOMER JOURNEY**, DER KUNDENREISE, BEGLEITET IHR **DIE FOLLOWER** VOR ALLEM MIT **EUREM TEXT.**

Er macht aus Euren Bildern erst eine Geschichte und entscheidet darüber, ob die Leser kaufen, abonnieren oder wiederkommen. Marketingleute teilen diese Reise in 5 Phasen auf:

1) AWARENESS DAS BEWUSSTSEIN FÜR DAS PRODUKT WIRD GEWECKT

2) FAVORABILITY
DAS INTERESSE FÜR DAS PRODUKT WIRD VERSTÄRKT

3) CONSIDERATION DER KUNDE/DIE KUNDIN ERWÄGT DEN KAUF DES PRODUKTES

4) INTENT TO PURCHASE
DIE KAUFABSICHT WIRD KONKRET

5) CONVERSION DAS PRODUKT WIRD GEKAUFT

Noch ein anderes Modell ist in dieser Marketing-Welt wichtig: **AIDA.** Es beschreibt die Wirkung von Werbung in vier Phasen – Euer Text sollte diese vier Phasen begleiten:

1) ATTENTION DIE AUFMERKSAMKEIT WIRD GEWECKT

2) INTEREST DIE KUNDEN/KUNDINNEN INTERESSIEREN SICH FÜR DAS PRODUKT

3) DESIRE DER WUNSCH NACH DEM PRODUKT WIRD GEWECKT

4) ACTION DER KUNDE/DIE KUNDIN KAUFT DAS PRODUKT

Was hat ein Text richtiggemacht, der zig Male geteilt wird, also viral geht? Das habe ich mich immer gefragt. Also knöpfte ich mir meine eigenen (im bescheidenen Rahmen) geteilten Blogposts vor und fragte mich: Hatte ich einfach nur ein brauchbares Foto gepostet? Eine gute Headline? Nachdem ich mich ein bisschen in Text-Theorien eingelesen hatte, wusste ich: Ich hatte einfach einen Nerv getroffen, bei der Leserschaft ein Problem offengelegt und sofort die Lösung dafür angeboten: Mitgefühl, Lachen, das Gefühl „ich werde verstanden". Das Ganze ist natürlich von schlauen Werbeköpfen schon als Formel zusammengefasst worden:

Das ist eine Art digitales Sado-Maso: Ihr buchstabiert den Leuten in einem Blogpost genüsslich, in welchem Mist sie knietief stecken– und bietet dann an, sie fest in den Arm zu nehmen (oder ihnen ein Heilmittel zu verkaufen). Natürlich alles im übertragenen Sinn. Nachdem ich mir Dutzende Modelle angesehen habe, musste ich feststellen, dass ich dieses hier unwissentlich seit Jahren mit meinem BLOG anwende: Ich hole Leute ab und tröste sie.

Es gibt zahllose Modelle, die für Euch aber nur eine Ergänzung sein können. Eine Schablone, die Ihr HINTERHER anlegt, nicht vorher. Vorher braucht Ihr Text – und zwar guten.

Wenn Ihr auf Social Media schreibt, wollt Ihr Leute an Euch binden. Sei es, um etwas zu verkaufen, um Traffic zu generieren oder einfach einen Account mit ordentlich Reichweite aufzubauen. Und das geht nur mit einem Text, der die Leute dahin steuert, wo Ihr sie haben wollt.

Text ist nicht das Topping auf dem Eis, es ist die Kugel selbst.

WAS FOLLOWER ANTREIBT 👍

Wir wissen jetzt, dass es verschiedene Arten von Verkaufe gibt, aber auch verschiedene Arten von Followern. Jetzt kommt die entscheidende Frage: Was suchen die bei Euch? So findet Ihr es raus:

1. Durch ehrliche Fragen: Immer, wenn Ihr ein Thema postet, fragt die Leute, wie sie das halten mit Versöhnungen/Schrank ausmisten/Diäten. Ganz egal, welches Thema, sie lieben es, nach ihrer Meinung gefragt zu werden. Das sorgt für Kommentare, die Ihr bitte lest und weitestgehend beantwortet. Bei vielen Influencern schimmert leider zu deutlich durch, dass ihnen völlig egal ist, wer ihre Community bevölkert. Das ist schade, denn lebhafter Traffic entsteht nur durch Austausch. Autor Tommy Schmitt sagt in einer Folge seines Podcasts „Gemischtes Hack", für ihn sei Social Media eine Einbahnstraße. Er setze einen Post ab und schließe dann die App. Die Kollegen Olli Schulz und Jan Böhmermann dagegen lesen vermehrt Mails von Fans vor und antworten während der Show. Ich glaube, es ist gut, wenn Ihr wisst, wie Eure Follower ticken. Und das führt direkt zum nächsten Punkt:

2. Erstellt ein Follower-Profil: Setzt Euch 5 Minuten hin und haltet ein paar Eckdaten über Eure Follower fest. Im TV definieren wir einen klassischen Zuschauer, eine typische Zuschauerin. Natürlich gibt es da enorme Abweichungen. Aber: Wenn ich weiß, dass meine Leserin um die 40 ist, Familie hat und in Arbeit versinkt, muss ich ihr nicht mit „Tipps gegen Langeweile" kommen. Natürlich gibt es Analyse-Tools für Blogs, mit denen Ihr auch viel über Eure Follower erfahrt. Wie lange sie auf Eurer Seite sind etwa, oder welche Geräte sie benutzen. Macht Euch nicht abhängig von ihnen, aber nutzt sie für ein bisschen Extra-Wissen über Eure Community.

3. Kommentare auswerten: Von wem kommen die besten Reaktionen? Frauen oder Männer? Auch mündliches Feedback ist wichtig: Ich kenne eine Menge Kollegen, die niemals etwas liken oder kommentieren würden, mir aber in der Kantine zurufen, wie toll sie diesen oder jenen Artikel finden. Also: Findet raus, was die Leute bei Euch suchen. Das muss nicht bedeuten, dass Ihr Euch einem imaginären Leser-Klon anbiedert. Aber zu wissen, für welche Bedürfnisse da draußen Ihr offenbar unbewusst Erfüllung bietet, ist wichtig für Eure Art zu schreiben.

Ich habe mich lange gefragt, warum die Leute meine Blogposts lesen. Das Analyse-Tool meines Blog-Hosts zeigt mir an, dass sie sich aktuell fünf Minuten auf meiner Seite aufhalten. 5 Minuten – Was machen die da? Erst durch die Kommunikation habe ich das erfahren. Mittlerweile reagiere ich auch auf jeden Kommentar: Manchmal muss ein „Danke" oder Herzchen reichen. Meist aber hilft mir das Gespräch zu verstehen, was die Leute bei mir suchen. Ich verkaufe nichts, ich verlinke nicht, ich nehme extrem selten Kooperationen an. Meist schreibe ich einfach, was mir so auf dem Herzen liegt und merke: Viele Frauen (und Männer) in einer ähnlichen Lebenssituation fühlen sich von meiner Schreibe berührt. Nach dem Motto „Endlich sagt's mal eine". Oft höre und lese ich: „Auf den Punkt. Du sprichst mir aus der Seele". Daraus hat sich mein USP, mein Alleinstellungsmerkmal kristallisiert. Lustig, oder?

> DURCH DIE SPIEGELUNG IN DEN **FOLLOWER-REAKTIONEN** HABE ICH **MEIN PROFIL** GESCHÄRFT. UND IHR KÖNNT DAS AUCH.

Was hat das alles mit Schreiben zu tun? Ganz einfach. Schreiben ist immer ein Prozess, der eine Reaktion hervorruft. Ihr seid in ständiger Kommunikation mit Euren Bloglesern. Aber Ihr braucht erstmal das Wichtigste: Einen eigenen, guten Stil.

UNIQUENESS - EINEN EIGENEN SCHREIBSTIL ENTWICKELN

Irgendwelche deutschen Sätze in die Tastatur hacken, das können wir alle. Was die meisten von uns nicht pflegen: den eigenen Stil. Jeder von uns hat ihn. Er ist so individuell wie die eigene Handschrift. Die einen lieben Nebensätze und bauen gerne mal ein Wortspiel ein. Andere mögen es clean und sachlich. Viele Uni-Absolventen behalten nach dem Abschluss den wissenschaftlich-akademischen Stil bei. Einige klingen wie Wikipedia. Egal, wie Ihr schreibt, es ist EURE Schreibe.

Wie schreibt Ihr?

1) Setzt Euch mit Stift und Zettel – meinetwegen auch mit Smartphone – hin und versucht, Euren **Stil mit drei Worten** zu umreißen. Also zum Beispiel: klar, kurz und informativ. Oder: verspielt, beschreibend, gefühlvoll. Die gute Nachricht: Jeder Mensch hat einen eigenen Schreibstil. Es geht nur darum, ihn zu finden, zu perfektionieren und zur Marke auszubauen.

   Stil verändert sich mit den Jahren. Ich habe zum Beispiel immer regelrechte Wortgewitter auf die Leute regnen lassen, früher noch handschriftlich und in Briefen (kennt noch jemand Briefe?). Mit der Zeit, der Technik und meinem Job lernte ich, knapper, pointierter zu schreiben. Erstmal raushauen, dann kürzen und feilen – so arbeite ich heute. Ich liebe Pointen in möglichst jedem Absatz, ich liebe Alliterationen (gleiche Buchstaben am Anfang mehrerer Worte), ich liebe Anaphern (sich wiederholende Satzanfänge). Ich fange gern mit einer besonderen Situation an und werde dann breiter. Manche beschweren sich über meine gelegentlich auftauchenden Kraftausdrücke im Text.

Was ist Euer Kennzeichen?

2) Ihr könnt Euren eigenen Stil nicht einschätzen? Fragt einen **Freund oder eine Freundin**. Sie sind die ersten Leser Eures Posts. Sie können Euch sofort sagen, ob der Schreibstil sie zum Klicken oder Wegnicken animiert.

3) Macht den **„Magische-Wörter-Check"**: Habt Ihr besonders starke Wörter in Euren Texten? Variiert Ihr? Sagt ihr immer „mega" wie Zigtausende andere Influencer? Oder

nutzt Ihr starke Wörter wie unglaublich, kraftvoll, umwerfend, fabelhaft, inspirierend? Das hängt auch von Eurem Typus ab: Wenn Ihr gern im Morgengrauen Yoga auf einem Berggipfel macht, mögt Ihr vermutlich eine klare, emotionale Sprache. Seid Ihr politisch aktiv, werdet Ihr kraftvolle Ausdrücke wie „Power" nutzen. Seid ihr spezialisiert auf kurze, knackige Wörter oder schätzen die Fans vor allem Eure Verbalspielereien?

4) **Fragt Eure Follower.** Da werden erstaunlich viele und erstaunliche Antworten kommen. Auch eine nette Art, Traffic zu generieren, allerdings mit dem Risiko, dass Ihr unsicher wirkt.

5) **Nehmt Euch Eure letzten 10 Posts** und markiert, welche Ausdrücke, welche Satzanfänge Ihr besonders oft verwendet. Neigt Ihr zu Nebensätzen? Setzt Ihr viele Ausrufezeichen? Erzählt Ihr gern von Euch? Schreibt Ihr Dialoge? Das alles ist Euer eigener Stil.

6) Überlegt Euch, **welche Personality** eigentlich aus Euren Posts spricht? Seid Ihr die freche Twitter-Zwischenruferin? Die dominante Bescheid-Sagerin? Der analytische Beobachter? Jeder von uns hat eine Persönlichkeit, die durch die Zeilen schimmert. Gebt Ihr Raum zum Wachsen. Natürlich solltet Ihr dabei sauber und korrekt formulieren. Aber im Zweifel gilt: Lieber charakteristisch und mit kleinen Schönheitsfehlern als perfekt und öde. Gilt für Menschen. Gilt für Sprache.

Jeder von Euch hat schon Texte geschrieben. Von Schulaufsätzen über Liebesbriefe, von Whats App-Verkehren über Insta-Posts – jeder von Euch hat seine ganz eigene Art, sich auszudrücken. Macht Euch klar, was Euch besonders macht. Genauso besonders werden Eure Texte sein.

WAS KANN EIN

SOCIAL MEDIA-TEXT ÜBERHAUPT?

Für viele Influencer geht es vor allem um **Verkaufen**. Für sie ist der Text vor allem die Ergänzung zu guten Fotos. Der Call to Action, also, der Aufruf, irgendetwas zu tun, zu kaufen oder zu liken, ist das Wichtigste. Abgesehen davon konzentrieren sich Influencer immer noch stark auf Fotos.

Aber ich glaube: **Auch guter Text kann Reichweite bringen.** Denn nur mit Bild UND Wort erzählt Ihr eine komplette Geschichte. Dafür muss der Text die Viewer an die Hand nehmen, sie in Eure Welt ziehen, ihnen eine Story präsentieren – um sie am Ende dazu zu bringen, zu kommentieren, zu liken, zu kaufen. Ein guter Text bedeutet **Führung**.

Dafür ist es wichtig, dass der **Text fließt**. Es macht keinen Sinn, 30 Zeilen über Eure hektische Vorweihnachtszeit zu schwadronieren und dann ohne Überleitung Entspannungsbäder zu bewerben. Besser: „Stressige Weihnacht: Adventsbazar, Plätzchenbacken, noch schnell ein Geschenk für Oma basteln, puh, da kann einem als Eltern schon ganz schön die Puste ausgehen. Wie kommt Ihr nach so einem Höllen-Tag runter? Mir hilft das Aroma-Bad XY. Der Duft nach Pfirsich und Hibiskus trägt Dich meilenweit weg von Schulturnhallen und Schneematsch. Ich tauche sofort in den Relax-Modus. Wie beamt Ihr Euch weg vom Stress? "

Gute Social Media-Texte bieten **Gefühl**. Die Leute wollen wissen, in welcher Stimmung Ihr postet. „Love My Job", ein häufig genutzter Hashtag von Menschen mit aufregenden Berufen, ist keine Stimmung. „Outfit of the Day" oder „couplegoals" auch nicht. Da muss noch mehr rein. Lasst die Menschen teilhaben. Fühlt Ihr Euch müde heute? Habt Ihr schlecht geschlafen, die Kinder quengeln, am liebsten würdet Ihr Euch von 9 bis 17 Uhr auf der Couch mit Serien verkriechen? Aber nützt ja nichts, da draußen wartet das Leben – und gerade deshalb habt Ihr Euch für das rote Kleid entschieden, um der Welt die Stirn zu bieten – das ist eine Geschichte. Jeder kann mitfühlen. Ihr habt eine Gefühls-Rampe gebaut, die die Leute nur noch betreten müssen.

Gute Texte bieten **Infos**. Es lohnt sich, selbst als Nicht-Journalist und Gelegenheits-Poster, Recherche zu betreiben. Es macht Euch glaubwürdiger, breiter, relevanter: Wenn Ihr eine Creme gegen Dehnungsstreifen anpreist, ist es schön zu wissen, dass jede dritte Frau darunter leidet. Kurze Google-Suche, ein Ausflug zu Wikipedia – und schon sind Eure Behauptungen unterfüttert. Kleiner Aufwand, große Wirkung. Wenn Ihr über Flugangst schreibt, dann recherchiert: Wie hoch ist die Wahrscheinlichkeit, bei einem Flugzeugabsturz zu sterben? Wie viele Ratgeber führt Amazon? Wer bietet Trainings an? Das sind nur wenige Klicks. Damit bietet ihr aber Glaubwürdigkeit und Mehrwert.

Echtes Entertainment: Natürlich sollen Eure Viewer lachen, weinen, staunen. Reine Selfies werden sich bald überlebt haben. Heute wollen die Leute unterhalten werden – und zwar von Menschen, keinen Klonen. Weniger Perfektion, mehr Echtheit, das ist der Trend. Authenticity klingt wie ein Hipster-Schlagwort. Gemeint ist aber: Die Zeiten, in denen Leute mit Schaukel-Fotos am Strand Geld verdient haben, klingen ab. Mittlerweile muss es schon mindestens ein Paar mit umgebautem Bulli auf Weltreise sein, das Einblicke in seinen Alltag auf 4 Quadratmetern gibt. So wird aus Bildern Unterhaltung.

Nachdem Ihr jetzt eine Vorstellung davon habt, wonach Follower suchen, was Euren eigenen Schreibstil ausmacht und was Social Media-Texte bewirken können, kommen jetzt meine Tipps für schöneres Schreiben, die Euch auf allen Kanälen weiterhelfen.

2

SCHÖNER

SCHREIBEN

DIE SCHLIMMSTEN STIL-KILLER

Floskeln

In meinem Team arbeiten einige Jung-Redakteur*innen, die jeden Tag wieder vor derselben Aufgabe stehen: Einen verständlichen und pointierten Text zu schreiben.

Und was passiert immer wieder? Ich lese Sätze, in denen Menschen „nicht mit ihren Reizen geizen", auf „gestrigen Events" waren oder „ihre Pappenheimer kennen". Eine Plattitüde jagt die nächste. Was sie damit sagen wollen, frage ich sie dann oft. Oft kommt dann eine sehr konkrete Antwort. Dann sagt es doch einfach genauso! Wieso nicht die Dinge beschreiben, wie sie sind? Floskeln gehen leicht von der Hand. Wir haben sie tausendmal gehört und geben sie gedankenlos wieder. Dabei sagen sie meist: gar nichts.

Auf den ersten Blick lesen sich Formulierungen wie „darf nicht fehlen", „Fehlanzeige" oder „ist kein Pappenstiel" wie normales Deutsch. Auf den zweiten Blick stellt sich bei der Lektüre ein leichter Brechreiz ein – zumindest bei mir. Denn diese Phrasen sind abgegriffen. Alle verwenden sie, ohne darüber nachzudenken. Viele Schreiber wähnen sich in der sprachlichen Komfortzone – und sparen sich die Mühe, nach besseren Ausdrücken zu suchen. Noch schlimmer wird es, wenn gut abgehangenen Kalenderweisheiten wie „Liebe geht durch den Magen" ein „bekanntlich" hinzugefügt wird. Wenn etwas bekannt ist, müsst Ihr es nicht erwähnen. Strengt Eure Gehirnzellen an, googelt, drückt im Kopf einmal auf „delete" – und dann lasst Euch etwas anderes einfallen. Erlaubt sind Sprüche wie „Aller guten Dinge sind drei" nur als originelle Abwandlungen wie bei einem Rezept „Aller guten Dinge sind **Ei**". Das ist wenigstens neu. Und die Ursprungsbezeichnung ist so bekannt, dass jeder die Pointe versteht. Das Problem an Floskeln: Sie **klingen** wie gutes Deutsch, sind es aber nicht!

In meinen Workshops lege ich immer den Floskel-Filter an: Schreibt Euren Text erst fertig – und geht dann noch einmal drüber. Sind Sätze darin, die so oder ähnlich als kitschige Sinnspruch-Texttafeln bei Facebook auftauchen könnten? Dann raus damit. Wenn Euch keine originelle Umschreibung einfällt, haltet es sauber, solide und verständlich. Also nicht: „Lehrer Müller kennt seine Pappenheimer", sondern: „Lehrer Müller weiß, wie seine Schüler ticken". Habt den Mut und streicht, vereinfacht. Aus dem „Sohnemann" wird dann natürlich einfach der „Sohn".

Die meisten althergebrachten Bezeichnungen und Sprichwörter versteht ohnehin kaum noch ein Mensch. Könntet Ihr erklären, woher der Begriff „Fehdehandschuh" oder „Nesthäkchen" kommt? Und warum sagt Ihr nicht einfach der oder die Jüngste/Kleinste?

Auch gerne genommen – und nicht gut: „Dieses Smartphone schlägt mit satten 800 Euro zu Buche."

Bringt lieber einen Vergleich: „Kostet so viel wie ein Flug nach Australien". Darunter können sich die Leute schon eher etwas vorstellen. Auch „Das Menü kostet insgesamt 130 Euro" ist Quatsch. „Insgesamt" könnt ihr immer weglassen. Nennt den Betrag, fertig!

Floskeln sagen den Lesern nur „Mir fällt keine bessere Bezeichnung ein, ich habe keine Zeit eine zu suchen, aber Du weißt ja, was gemeint ist, oder?"

Nein, weiß ich nicht. Weg damit!

Falsche Zeichen

Immer mehr Leute scheinen die Regeln für Komma & Co für eine freundliche Empfehlung zu halten. Aber es sind und bleiben Regeln. Da wird ohne Punkt und Komma gepostet, Nebensätze vermischen sich mit Hauptsätzen zu einem Brei. Genauso strukturfrei wirkt dann der ganze Post. Tipp: Versucht mal, die Sätze nachzusprechen, also SCHÖN nachzusprechen. Sofort werdet Ihr merken, dass das wenig inspirierender Wort-Brei ohne Kunstpausen und Highlights ist. Hier sind die YouTuber weiter vorn: Sie müssen besser betonen und (gedachte) Satzzeichen einbauen, sonst würde sich kein Mensch ihre oft langen Ausführungen anhören. Ein Beispiel: Der YouTuber Rezo: 17 Millionen Mal wurde sein Politik-Einlauf „Die Zerstörung der CDU" geklickt. Warum? Der 28-jährige hat einen Nerv getroffen, er hat recherchiert – und: Er spricht gut. Er setzt häufig ab, holt zu Nebensätzen aus, die er kunstvoll wieder mit dem Rest verbindet. Beim Zuhören kann man förmlich Punkte, Kommata, Strichpunkte und Gedankenstriche durch die Luft flirren sehen. Das macht gute Redner aus: Sie denken die Satzzeichen mit – spätestens dann, wenn sie mal Luft holen müssen.

Geschwätzigkeit

Wir reden alle zu viel. Uni-Abgänger und Schulabsolventen haben gelernt, sich möglichst akademisch auszudrücken. Wer mit Sprache arbeitet, muss aber vor allem verständlich schreiben. Und das heißt: knapp und klar. Die klügsten Presse-Köpfe Deutschlands arbeiten nicht nur bei High End-Medien wie SPIEGEL und ZEIT, sondern auch bei der BILD. Warum? Weil sie täglich hochkomplexe Inhalte auf die wichtigsten W-Fragen „WER, WAS, WANN, WIE und WARUM" herunterbrechen müssen. Auch Instagram und Twitter zwingen uns, sofort mit der Headline rauszugehen. Auch, wenn soziale Medien (außer Twitter) uns bei der Textlänge freie Hand lassen: Niemand will Geschwafel lesen.

Nominalstil

Substantive machen Texte sperrig und öde. Viele Webseiten-Macher flüchten sich in diese Schreibe, weil sie seriös klingt. Leider versteht sie keiner. Selbst große Unternehmen mit professionellen Social Media-Teams bringen noch solche Wort-Monster: „Das hohe Passagieraufkommen", „Die Auslastung des Streckennetzes". Als Journalistin habe ich gelernt, solchen Wort-Sperrmüll zu hinterfragen – notfalls auch fünfmal. „Bitte erklären Sie mir das noch einmal verständlich!" ist ein wichtiger Satz, für den sich niemand schämen muss. Überhaupt plädiere ich dafür, Substantiv-Polonaisen zu sprengen. Wer schon mal über einem Brief vom Finanzamt gegrübelt hat, weiß, was ich meine. Will ich aus Behörden-Deutsch lockere Social Media-Schreibe machen? Nein. Aber ich will, dass alle sich verständlich und gut ausdrücken. Nehmt lieber Verben als Substantive. Menschen **tun** Dinge. Warum sagen wir es nicht einfach genauso?

Also lieber „wird fertiggestellt" als „die Fertigstellung erfolgt", lieber „nimmt ab" als „Reduzierung", lieber „passt sich an" als „Anpassung". Einzige **Ausnahme**: Betreffzeilen in Mails. Hier sorgt ein Substantiv dafür, dass der Betreff sofort erkannt wird.

Beschreiberitis

Show, don't tell – Das gilt für das Schreiben von Büchern. Aber wie wichtig ist es für Social Media? Genauso wichtig, zumal Ihr die Möglichkeit habt, Eure Gefühlslage mit Bildern zu untermauern. Die meisten Influencer konzentrieren sich aufs Zeigen, ihre Fotos sollen es reißen. Oft gibt's einen Alibi-Text und ein paar Hashtags unters Bild. Aber auch der Text kann zeigen, und muss nicht nur beschreiben. Hatte die Mama-Bloggerin heute früh Ringe unter den Augen, weil die Nacht wieder hart war? Schöner ist es, zu jedem Bild die Innensicht zu haben.

Passiv-Deutsch

Aus reiner Hilflosigkeit texten Menschen oft Sätze wie: „Es wird geschraubt und gehämmert" oder „Jetzt werden kleinere Brötchen gebacken". Diese Passiv-Konstruktionen schleichen sich in viele Texte ein. Sie wirken unbeholfen, seltsam formell und stellen eine unnötige Distanz zwischen Text und Followern her. Ich will doch wissen, WER hier zugange ist. Noch einmal: Menschen tun Dinge. Nicht: „In der Küche wird gegessen.", sondern: „Die Leute essen in der Küche."

Zeiten-Kuddelmuddel

„Früher gleichte meine Liebe einem Strohfeuer", schreibt ein Reality-TV-Star auf seinem Instagram-Account mit immerhin fast 700 000 Followern. „Ich fande das nicht so gut", lese ich immer wieder. „Mich hat gestern eine Wespe gesticht", kam mir erst neulich unter. Sätze aus einem Sprach-Förderprogramm? Keineswegs. Falsche Vergangenheitsformen begegnen uns überall: Immer mehr Erwachsene und Kinder bekommen Perfekt und Imperfekt nicht mehr auf die Kette. Autorin Charlotte Roche sucht in ihrem Podcast „Paardiologie" einmal auf sympathische Weise nach einem Präteritum. Ein Klatschblatt druckt, Heidi Klum „ludt" zu ihrer Hochzeit ein. Viele schreiben solchen Quatsch munter nach. Es treibt mir den Schweiß auf die Stirn, wenn ich so etwas lese. Klar, jedem von uns fällt mal ein Wort nicht ein. Aber grundsätzlich nicht zu wissen, wie Verben in der Vergangenheit heißen, geht nicht. Bitte einfach nachschlagen!

Apropos Nachschlagen...

Noch nie war eine Generation so nah an Informationen wie die jetzt 15-35-Jährigen. Was viele damit machen? Erschreckend wenig. Ploppt im Gespräch mal eine Frage auf, die in Nullkommanichts gegoogelt wäre, verpufft sie. Die Leute geben ungerührt ihr Halbwissen weiter. Für meine Generation, die noch in analogen Büchern nachschlagen musste (okay, jetzt klinge ich wie Oma), völlig unverständlich. Im Regal meiner Eltern standen noch mehrere Meter Brockhaus, damals ein Symbol für Status und Bildung. Nach ihrem Tod wollte niemand mehr die hundert Kilo schwere Enzyklopädie-Sammlung – nicht mal geschenkt. Ich liebe es, dass ich heute jede Info sofort zur Hand habe. Nutzt das Netz viel öfter, googelt alles! Es macht Euch klüger – und glaubwürdiger.

„Dass" und „das" im falschen Einsatz

Ein Klassiker. Dabei ist es so einfach: „Dass" mit Doppel-s leitet einen Nebensatz ein, also „Ich will, dass Du Dein Zimmer aufräumst!". Das andere „das" ist entweder ein bestimmter Artikel – das Auto, das Haus – oder in einem Relativsatz durch „welches/welcher" ersetzbar. Also: „Das Buch, das (welches) ich Dir geliehen habe, brauche ich heute zurück!"

Apostroph

Der falsch gesetzte Apostroph ist überall. Egal ob bei Insta-Posts oder Werbung. Immer mehr Leute verwenden das kleine Hoch-Komma falsch. Sogar eine eigene Webseite hat das Ding: **Deppenapostroph.info**.

Bekannt ist dieses Syndrom auch als Apostrophitis oder Apostrophenwahn. Auch ein guter Wikipedia-Artikel befasst sich damit: Andrea's Taxi's wird dort als Beispiel genannt. Das galt bis zur Rechtschreibreform 1996 noch als falsch. Heute ist zumindest das Apostroph nach einem Namen – in Anlehnung an das Englische – möglich. Besonders oft wird der Apostroph nach Worten im Plural falsch gesetzt wie zum Beispiel bei „Snack's". Falsch sind auch **an's, unter's, über's, auf's**. Es heißt: **Snacks, ans, unters, übers, aufs**. Im Zweifel lasst ihn lieber weg, denn es gibt wesentlich mehr Fälle, in denen er nicht angebracht ist als andersherum.

Hier die Fälle, in denen Ihr den Apostroph wirklich setzen müsst – es sind wenige: Bei Worten, die stark verkürzt wurden, Kurfürstendamm – Ku'damm. In Worten, die durch das Weglassen missverständlich werden: Das war'n Ding! Bei Namen, die auf s, z,- x enden: Franz' beste Idee.

Es gibt ein paar Fälle, in denen es nicht vorgeschrieben, aber möglich ist: „Was gibt's heute zum Essen?" ist so ein Beispiel.

Warum so viele Leute das Häkchen verwenden? Weil sie vermutlich glauben, umgangssprachlicher, lockerer zu klingen. Bewirkt allerdings genau das Gegenteil. Ein Post in falschem Deutsch wird von vielen Followern vielleicht überlesen und verziehen, andere kommen kein zweites Mal auf Eure Seite.

Übrigens gibt's nicht nur einen Deppenapostroph, sondern auch einen Deppen-Bindestrich und sogar ein Deppenleerzeichen, also einen Bindestrich, wo keiner hingehört, und ein Leerzeichen, das zwei Worte verbindet, die eigentlich ein durchgängiges Wort sein sollten.

Stern online schreibt über die britische Schauspielerin Helen Mirren, sie sei früher berühmt berüchtigt gewesen für ihre Nacktszenen. Hier wäre dann mal ein Bindestrich richtig ...

© Deppenapostroph.info

... and more

Die schlimmste Floskel, wenn Krimskrams-Läden nicht so richtig wissen, was sie eigentlich verkaufen. „Beauty and more" steht da gerne blumig über der Tür. Das Schaufenster ist dann aber ein Spiegelbild dieses sprachlichen Kauderwelschs: Cremes stehen neben Tee-Packungen, Shampoo neben Schokolade. „And more", also „und mehr" ist immer eine hilflose Lösung, wenn man etwas nicht genauer benennen kann. Also, egal, ob ihr auf Social Media oder im echten Leben aktiv seid: Entscheidet Euch. „And more" ist vage, schwammig und ein echter Killer. „Worum geht Dein Blog?", fragten mich am Anfang Kolleginnen auf Blogger-Events. Sie alle hatten ein klar umrissenes Thema wie „Plus Size Bikinis", „Urlaube mit Babies". Nur ich wusste nicht, was ich da genau schreibe. Einen Lifestyle-Blog? Einen Mama-Blog? Irgendwann musste ich feststellen, dass ich einfach einen Kolumnen-Blog betreibe. Nicht mehr, schon gar nicht „more", und nicht weniger.

Falsch zusammengesetzte Begriffe

Noch ein paar Beispiele für veröffentlichte Sprach-Holperer? Viele kommen aus dem Floskel-Baukasten – nur falsch kombiniert. BUNTE online schreibt über die harten Nächte von Neu-Mama Cathy Hummels. „Zum Glück greifen ihre Eltern ihr hilfreich unter die Arme." Etwas IST hilfreich, ein Ratgeber zum Beispiel, dieses Buch oder eine Einrichtung. Unter die Arme greifen heißt an sich schon: helfen. Also eine überflüssige Doppelung.

Die BILD schreibt über einen Scherz der Entertainer Joko und Klas: „Mal wieder war das Netz in Aufruhe".

Zahlreiche Online-Medien schreiben immer wieder: „Jemandem ein Schnäppchen schlagen". Es heißt Schnippchen. Schnäppchen sind Sonderangebote.

MAL WIEDER WAR DAS NETZ IN AUFRUHE.

Genitiv

Stern online schreibt in einer TV-Kritik, Joko und Klas sollten sich eine**m** Problem annehmen. Das ist einer der beliebtesten und blödesten Fehler. „Sich einer Sache bewusst sein, jemandes gedenken, wegen eines Unfalls, trotz des Wetters", das sind alles Genitiv-Fälle. Ja, den gibt es zusätzlich zum Nominativ, Dativ und Akkusativ immer noch. Wenn Ihr nicht sicher seid, wie es genau heißen muss, schreibt lieber anders. Also: „Joko und Klas sollen ein Problem lösen, eine Challenge meistern".

Rettet dem Dativ

Auch der Dativ wird, das ging Verona Pooth damals nicht anders, gerne falsch verwendet: „Katzen schützen Dich und Dein Zuhause vor Geister". Entweder hat da jemand einfach ein n vergessen, oder er oder sie weiß es nicht. Vor WEM schützen Dich Katzen? Vor GeisterN!

Und dann noch das hier...

Stern online schreibt in einem Artikel über Intim-Trends: „...auch Anal-Bleechings gehören zu den Standart-Beauty-Treatments."

Ach, Leute. Es heißt Bleaching. Und der Standard hat nichts mit einer Standarte zu tun.

Ich habe mir jetzt nur die gängigsten Fehler ausgesucht. Viele von Euch haben sie möglicherweise noch gar nicht als Fehler gespottet. Aber sie sind überall. Und weil sie jeder verwendet, wirken sie irgendwann wie richtiges Deutsch.

Nicht nur in Online-Medien wird sprachlich geschlampt. Vermutlich sind viele Fehler dem Zeitdruck geschuldet oder der mangelnden Ausbildung. Das ist fahrlässig, denn so ziehen wir uns eine ganze Generation von Sprach-Idioten ran.

Übrigens: Auch der Print leistet sich üble Patzer – allerdings viel seltener.

Die ultimative NOGO-Liste

Das ist die Stelle in meinen Workshops, an dem selbst die stillsten TeilnehmerInnen plötzlich Kulis zucken und mitschreiben. NoGo-Listen sind magisch. Wenn alle anderen Tipps bis hierhin nicht gefruchtet haben, ist diese Sprach-Müll-Streich-Liste der letzte Weg, um einen brauchbaren Text zu schreiben. Ich bringe sie gerne am Ende, denn nur durch Weglassen ist noch kein guter Text geschrieben worden. Erst muss das Handwerk stimmen. Dann könnt Ihr Floskeln und Nullwörter streichen.

Viele dieser Begriffe habe ich auch schon verwendet. Sie schreiben sich leicht, wirken nie fehl am Platz und klingen nach professionellem Schrift-Deutsch. Aber: Sie sind wie Luftpolsterfolien in einem Paket, das Ihr ungeduldig erwartet: Schnell weg damit und zum Kern vordringen! Ihr wisst, was Ihr sagen wollt. **Lasst allen Sprach-Firlefanz weg.** Die folgenden Ausdrücke zähle ich dazu:

anlässlich	eigentlich	hat Hochkonjunktur	sicherlich
aufgrund von	einigermaßen	hinsichtlich	sich tummeln
befindet sich	entsprechend	insgesamt	sozusagen
bekanntlich	erdenklich	kann sich sehen lassen	Sohnemann
bereits	ergibt sich		stattfinden
bestens	es ist soweit	Kostenpunkt	überaus
da heißt es	eventuell	lediglich	Wer kennt es nicht?
darf nicht fehlen	gegebenenfalls	möglicherweise	ziemlich
dementsprechend	gewissermaßen	nun	zulässig
diesbezüglich	halt	satte	zwecks
echt		selber	

Das sind doch alles korrekte Worte, denkt Ihr jetzt? Ja, aber es sind auch überflüssige Worte! Macht es, wie Aufräum-Queen Marie Kondo: Ballast kann weg. Dann wirkt der Rest umso wertvoller.

VORSICHT, FALSCHES DEUTSCH! NICHT NACHAHMEN!

Es ist erschütternd, welch schlechtes Deutsch Menschen posten, an deren Lippen Millionen Follower hängen.

Sei es, weil sie es nicht besser können, sei es aus Eile, weil dieser Post jetzt schnell raus muss: Viele Stars schreiben falsche Posts. Kleine Fehler macht jeder mal, aber grottenschlechtes Deutsch ohne Überprüfung an Millionen Fans zu senden, weitet sich immer mehr zur Kulturkatastrophe aus. Vor allem Promis sind gut beraten, einen Profi oder zumindest einen Freund/ eine Freundin über den Text schauen lassen, bevor ihn 800 000 Follower lesen.

Es ist nicht nur peinlich, wenn sich Menschen, die wir bewundern, als Sprach-Nieten outen. Es ist fahrlässig. Denn Stars haben eine Vorbildfunktion. Für ihre Fans ist dieses Deutsch noch eher nachahmenswert als jede Schul-Lektüre.

Werdet nicht zu Hatern, indem ihr unter dem Post Rechtschreibfehler aufzählt. Aber haltet einen kritischen Sicherheitsabstand zu Wort-Schlampern. Sie sind vielleicht in anderen Dingen Vorbild. Sprachlich nicht.

ISCH GEH SCHULHOF

Mittlerweile haben wir auch Ausdrücke übernommen, bei denen sich Sprachwissenschaftlern erst einmal die Haare sträuben. Nach einer Weile klingt der Deutschrap-Sprech aber ganz normal. In gleich zwei neuen Songs kommt ein Ausdruck vor, den ich mir erst zehnmal anhören musste, bis ich es glauben konnte:

„Alle machen Auge auf Dich" (YAPMA von C Arma) oder „Alle machen Auge auf mein Lifestyle" (GENICK von Loredana) waren Begriffe, die ich so noch nicht kannte. Ich ließ mich aufklären: Vom Netz, aber auch von ganz analogen Teenagern: „Auge machen" bedeutet: Böse Blicke und Missgunst sorgen dafür, dass sich eine Sache zum Schlechten wendet. Alles klar?

Wer in Sachen **Jugendsprache** auf einen passablen Stand kommen will, sollte sich den Podcast „Gemischtes Hack" von Felix Lobrecht und Tommi Schmidt anhören. Mehr dazu im Kapitel Podcast-Sprache. Als Texter*in würde ich lieber auf Nummer sicher gehen und solide schreiben.

VERWENDEN KANN MAN 😊
JUGENDSPRACHE
NUR, WENN MAN **JUNG** IST.

Alle anderen machen sich mit der Anbiederei zum Affen.

FRÄULEIN WER?
GENDER-GERECHTES TEXTEN

Thor-Darsteller Chris Hemsworth ist eine „Sahneschnitte" und die Victoria's Secret Models sind heiße Katzen. Solche und ähnliche Sätze haben wir in den 90er Jahren zu Hunderten im TV rausgehauen. Ich habe mal ein bisschen Ärger für die Bezeichnung „Titt-ney Spears" bekommen. Bezeichnenderweise nur ein bisschen. Heute wäre ich meinen Job los und hätte eine Klage der US-Sängerin am Hals. Erst langsam dämmert es

DEFINITION: DAS GENDERN  **STEHT FÜR EINEN GESCHLECHTERBE-WUSSTEN SPRACH-GEBRAUCH.**

der Welt, dass Sprache lange ein Instrument zur Unterdrückung war. „Fragen Sie Ihren Arzt oder Apotheker", „Liebe Besucher", es gibt zahllose Beispiele dafür, dass wir hier noch lange nicht im Ziel sind: Einer gender-gerechten Sprache. Viele von Euch werden jetzt „laaangweilig" denken und im Geist weiterscrollen.

Keine Angst, es tut auch nur ganz kurz weh: Ex-Filmmogul Harvey Weinstein muss wegen Vergewaltigung 23 Jahre ins Gefängnis. Frauen demonstrieren gegen Trump – die #metoo-Bewegung hat unsere Sichtweise auf Sexualität verändert. Dem muss auch die Sprache Rechnung tragen. Texte, die noch vor ein paar Jahren okay waren, sind heute undenkbar. Jede Veränderung braucht Zeit. Aber wir alle sollten kurz nachdenken, bevor wir uns gedankenlos an ausschließlich männliche Leser und Hörer wenden. Aber wie schreibe ich einen Text, der niemanden ausschließt, der aber nicht gleich so verbittert daherkommt?

Meine Tipps für sprachliche Gleichmacherei:

Das Sternchen. Zugegeben, erstmal etwas gewöhnungsbedürftig. Mittlerweile gehen mir Worte wie User*innen immer leichter von der Hand. Unterstriche, rein weibliche Ansprache und das große I wie in BlogerInnen finde ich nur mittel-elegant und, ehrlich gesagt, ein bisschen old school.

Halbwegs korrekt ist auch die **Nennung beider Geschlechter**, also „Leserinnen und Leser", aber auch hier können sich Menschen mit anderer Sexualität ausgeschlossen fühlen. Nochmal zur Erinnerung: Ich bin nicht die Feministinnen-Guerilla. Ich will Euch ermutigen, in Euren Texten alle mitzunehmen. Reichweite – das ist das Zauberwort. Mein Lieblings-Tool: **Neutrale Begriffe** wie Studierende, Geflüchtete, Klinikpersonal. Bietet sich vor allem für Info-Stücke an. Wenn ihr Journalisten seid, ist Euch das ohnehin geläufig. Aber auch für Social Media-Aktive ist Neutralität sicherer Boden. „Leute" und „Menschen" ist immer unverfänglich und schließt alle ein. „Hallo, Ihr Lieben…" so starten 9 von 10 youtube-Videos. Indem Ihr die Leute direkt ansprecht, kommt Ihr nicht in die Verlegenheit, sie irgendwie bezeichnen zu müssen. Also: **„Ihr" oder „Sie"**. Damit erreicht Ihr Nähe und bekommt ein paar Reaktionen. Die Leute mögen es, wenn man ihnen nicht nur einen Artikel vor den Latz knallt, sondern sie mit einbezieht – auch sprachlich.

Also: Beim Thema Gender lohnen sich zwei Extra-Minuten. Habt ihr wirklich niemanden exklusiv angesprochen und ohne Krampf einen schönen Text für die breite Masse geschrieben? Top!

Jetzt wisst Ihr, welche Fehler Ihr vermeiden könnt. Als Nächstes braucht Ihr eine Handlungsanleitung: Wie geht der perfekte Post?

WIE GEHT DER PERFEKTE POST?

Die schlechte Nachricht zuerst: Der perfekte Post besteht vor allem aus Vorbereitung. Ihr werdet Euch jetzt durch ein paar Seiten lesen, an deren Ende Ihr noch kein einziges Wort geschrieben habt. Ich verspreche Euch aber, dass sich das lohnt! Unternehmen haben eine Social Media-Strategie. Genauso müsst ihr Eure Zutaten bereit legen.

1. Planung

Viele Posts wirken so, als habe hier jemand einfach drauflosgeschrieben. Hinter einem wirklich guten Post steht aber ein bisschen Vorarbeit. Das muss nicht lange dauern. Schon fünf Minuten Extra-Mühe lohnen sich.

So bereitet Ihr Euch vor.

Bedenkt die **kurze Aufmerksamkeitsspanne** der Leute. Ein Post hat nur 3-6 Sekunden, um Viewer zu fesseln. Nur, wer erstmal drin ist, bleibt auch dran und liest vielleicht sogar bis zum Ende.

Unsere Kommunikation ist schnell geworden, unser Social Media-Verhalten auch. Schon, wer auf eine Mail oder What's App nicht innerhalb von Minuten reagiert, macht sich verdächtig.

Dazu müssen wir erstmal verstehen, wie die Leute ticken: Die meisten betreiben **Information Foraging.** Sie schnappen also Input auf, der herumfliegt, statt gezielt nach Infos zu suchen. Dieser Begriff wurde 1999 von den Psychologen Peter Pirolli und seinem Kollegen Stuart Card erfunden und besagt: User verhalten sich wie hungrige Tiere: Sie jagen nach der fettesten Beute in Reichweite – und das mit geringstmöglichem Aufwand. Also müssen die leckeren Happen direkt vor ihren Augen herumfliegen.

Studien haben gezeigt, dass die Leute F-förmig lesen. Anfangs erfassen sie ganze Zeilen. Der Inhalt wird nur noch digital überflogen. Heißt für uns alle: **Der Anfang ist das Wichtigste.** Natürlich könnt Ihr zum Schluss noch einen Kracher raushauen. Aber es lohnt sich, Liebe in den Auftakt zu stecken.

WIE ALSO BEKOMMT IHR DIE MENSCHEN DAZU, IN EUREN ACCOUNT EINZUTAUCHEN? ALSO SO, DASS SIE VÖLLIG GEBANNT IN IHR HANDY STARREN UND BEI EUREN TEXTEN BLEIBEN? ÜBRIGENS: IN MEHREREN LÄNDERN GIBT'S SCHON WEGE UND AUF-GEMALTE WARNHINWEISE FÜR MENSCHEN, DIE IN IHR SMARTPHONE VERTIEFT SIND.

Schafft eine Struktur: Einen kurzen Post kann man in wenigen Minuten planen. Ein längerer Text, zum Beispiel ein Blogbeitrag, braucht mehr Vorbereitung. Schon vorm Losschreiben müsst Ihr bedenken: Es muss übersichtlich sein – und bleiben. Notiert im Vorfeld die wesentlichen **Module**.

Welche Abschnitte soll der Text haben, welche **Kernaussage** soll in jedem Abschnitt sein? Plant Platz für eine **Zwischenüberschrift** ein. Was dort stehen soll, könnt Ihr Euch später überlegen. Aber erst einmal müsst Ihr den Platz mitdenken. Die Leute wollen sich verankern. Also baut Euren Text in Inseln: Jeder Abschnitt hat eine Aussage.

Recherchiert: Am besten im Netz und in Form eines Kurz-Brainstormings mit Freunden oder Familie.

5 MINUTEN MIND-MAP:

Eine Zeit-Investition, die sich immer auszahlt. Ihr schreibt einen Post zu einem bestimmten Thema, wollt aber nicht mit den immergleichen abgedroschenen Worthülsen um die Ecke kommen? Nehmt Euch einen Zettel oder ein leeres Word-Dokument und füllt Eure Kreativtanks blitzschnell auf: Brainstormt 5 Minuten, am Küchentisch, im Bett, mit Musik oder ohne, ganz egal. Was immer Euch einfällt, ist willkommen. Es muss verbal noch gar nicht zum Thema passen, einfach so in die Tüte gedacht sein. Dann schreibt alles ungefiltert auf. Das dürfte 2–3 Minuten dauern. Beispiel: Ihr plant einen Post zum Thema Design/Interieur/Living. Denkt in alle Richtungen. Was fällt Euch zu diesem Thema ein? Werdet persönlich, was bedeutet Euer Zuhause für Euch, welche Worte kommen Euch sofort in den Sinn? (Beispiel Höhle, Nest, Kuscheln, Hygge, gemütlich, Geborgenheit, Rückzug, Serien, Sofa, Glück etc). Gegenstände, Gefühle – bei dieser Aufzählung ist alles erlaubt. Eure Liste dürfte jetzt 10 bis 20 Worte lang sein. Jetzt nehmt Ihr Euch noch einmal zwei Minuten und filtert das Ganze. Wenn ihr davon auch nur fünf Wörter verwendet und in einen neuen Kontext bringt, seid Ihr sprachlich schon raffinierter, als wenn Ihr abgedroschene Begriffe wie Lifestyle verwendet. Wie wär's mit Couch-Glück oder Netflix-Nächte? So reichen Euch fünf Minuten, um ein paar nette neue, originelle und authentische Wort-Kreationen zu finden.

2. Ziel definieren – Was soll dieser Text?

Ihr habt jetzt alle Zutaten zusammen. Bevor Ihr loslegt, steht eine Frage im Raum: **Was wollt Ihr mit diesem Post bewirken?** Was ist Eure Traum-Reaktion darauf? Emotion? Likes? Engagement? Beispiel: Dieser Post soll Frauen den Mut geben, bei einem Beförderungsgespräch hart zu bleiben. Oder: Dieser Post soll Männern helfen, sich von abgetragenen Kleidungsstücken zu trennen. Oder, oder, oder.

Eure Zielgruppe hat einen Bedarf, ein Defizit. **Was könnt Ihr diesen Leuten bieten?** Lifestyle-Tipps? Mehrwert in Sachen Büro-Outfits? Rabatte beim Shoppen? Eine Stimme, die ausspricht, was viele denken?

Welcher **Schreib-Typ** seid Ihr: Braucht Ihr zuerst eine Struktur, ein Gerüst und legt dann erst los? Dann legt Stichpunkte für Eure einzelnen Absätze fest. Anfang und Ende solltet Ihr dabei schon klar vor Augen haben. Wisst Ihr zum Beispiel, dass Ihr einen Blog mit einer persönlichen Situation starten wollt, dann ist ja immerhin schon der Einstieg klar. Ein Konzept VOR dem Schreiben hat den Vorteil, dass Ihr Euch später daran entlang hangeln könnt. Eine Garantie für geniale Einfälle ist es nicht.

Oder schreibt Ihr erst alles und ordnet es dann? Die Wasserschwall-Methode benutze ich immer. Ich überlege mir kurz eine mögliche Reihenfolge und lege dann los – bereit, notfalls alles nochmal umzuschmeißen, wenn der Artikel anders besser fließt. Geordnet, versäubert, verknappt und gewürzt wird am Schluss.

Merkt Ihr was? Noch steht kein einziges Wort im Dokument, das hier sind erst die Vorbereitungen. Klingt viel, sind aber ein paar Minuten gut investierte Zeit.

3. Eckdaten fürs Schreiben

Schreibt **das Wichtigste am Anfang**. Die ersten Sätze müssen knallen. Dafür liefere ich Euch später praktische Tipps.

Es gibt zwei Tricks, die Eure Texte sprechbarer und pointierter machen: **Doppelpunkt und Gedankenstrich**. Beide helfen Euch dabei, Aussagen hervorzuheben. Sie sind meine absoluten Lieblingstools.

Beachtet die **KISS-Formel**: Keep it short and simple. Die gilt paradoxerweise auch bei längeren Posts: Kurze Sätze, klare Aussagen. Ersetzt Kommata so oft wie möglich durch Punkte.

Wie viele **Hashtags**? Studien besagen: Bei Facebook keine oder wenige, bei Twitter zwei bis drei, bei Insta bis zu 30.

Dürft Ihr in Eurem Text **Fragen** stellen? Klar, aber Ihr solltet sie auch beantworten. Eine Frage als Überschrift macht neugierig. Diese Neugier muss aber gestillt werden.

Einzige Ausnahme: Bei LinkedIn sind Fragen nicht angebracht. Hier seid Ihr die Kompetenzperson und solltet Antworten haben. Bei Twitter dürft Ihr gern mit einer provokativen

Frage Diskussionen anregen, hier antwortet die Community. Bei Facebook sind Fragen in Maßen ok.

Macht Euch klar, was für eine **Art von Post** Ihr schreibt. In letzter Zeit geben immer mehr Autor*innen Tipps in Form von Listen. Die wichtigsten sind:

DER **TOOLS-LIST-POST:** 5 WERKZEUGE, DIE IN JEDE WOHNUNG GEHÖREN

DIE **SCHRITT-FÜR-SCHRITT-** ODER **DIY-ANLEITUNG** BZW **HOW-TO-LIST-POST:** SO BACKST DU IN 7 MINUTEN DIE PERFEKTE EINHORN-TORTE

DER SIGNAL-LIST-POST: 11 ANZEICHEN, DASS ER BALD SCHLUSS MACHT

DIE FEHLERLISTE: DIESE 5 FEHLER MACHEN FAST ALLE AUF IHREM TINDER-PROFIL

DER **ROUNDUP-POST:** DIE 10 JÜNGSTEN YOUTUBE-STARS UND, WARUM WIR VON IHNEN NOCH VIEL HÖREN WERDEN

DER FRAGEN-LIST-POST: 3 FRAGEN, DIE DU DIR STELLEN SOLLTEST, BEVOR DU DEINE BEZIEHUNG BEENDEST

DER ÜBUNGS-LIST-POST: 5 ÜBUNGEN FÜR EINE BESSERE KÖRPERHALTUNG

DER GEHEIMNIS-LIST-POST: DIE 10 GEHEIMNISSE GLÜCKLICHER BEZIEHUNGEN

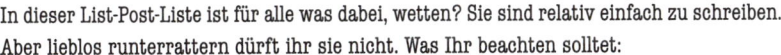

In dieser List-Post-Liste ist für alle was dabei, wetten? Sie sind relativ einfach zu schreiben. Aber lieblos runterrattern dürft ihr sie nicht. Was Ihr beachten solltet:

◢ Krumme Zahlen machen sich besser als gerade.

◢ Überraschende Infos sind besser als bekannte.

◢ Schreibt mindestens 5 Punkte auf. Dann sehen die Leute, dass Ihr recherchiert habt.

Dann gibt es noch die **Meinungs-Posts** – ausgefeilte Artikel mit journalistischem Anspruch und persönlicher Sichtweise. Falls Ihr so einen schreibt, kommen hier ein paar **Tipps:**

◢ Recherchiert gründlich. Nichts ist so peinlich wie falsche Fakten bei einem Thema, das Euch wichtig ist.

◢ Ihr dürft emotional schreiben – aber Beleidigungen sind tabu.

◢ Dieser Post darf gern länger sein. Die Leute wollen hier eine Meinung dargelegt und begründet sehen. Auch im Google-Ranking kommen längere Posts gut an.

Das sind natürlich nur ein paar Arten von Blogposts. Ich habe Videos, Zitate, Infografiken etc. hier ausgespart.

Viele, viele mehr findet Ihr auf Marketing-Plattformen wie **chimpify.de.**

Ihr habt also die Planung abgeschlossen, Struktur geschaffen, Euer Ziel klar definiert und sitzt mit gelockerten Fingern überm PC oder Smartphone. Und jetzt? Kommt er, der gefürchtete 1. SATZ!

DER VERDAMMTE ERSTE SATZ

Willkommen in der Schreiberhölle. Vor nichts fürchten sich Autoren so sehr wie vor dem ersten Satz – wohl wissend, was für ein Druck auf dem Einstieg liegt. Es ist wie bei Marketingleuten: Die Werbekampagne ist genehmigt, die Verpackung ist von allen abgesegnet, die Marktforschung gibt grünes Licht. Jetzt müsst Ihr liefern.

Der erste Satz ist immens wichtig, egal, ob in einem Insta-Post oder einem langen Blogbeitrag. Bei Twitter passen ohnehin nicht viele Sätze rein. Also, gebt Gas.

Hier kommen meine Tricks für den Einstieg:

- Schreibt den **ersten Satz zum Schluss**. Mache ich gerne, wenn er noch nicht so funzt.
- Schreibt erstmal einen **Platzhalter**. Also einen korrekten, zur Not etwas langweiligen Satz. Er sollte in etwa das ausdrücken, was Ihr sagen wollt. Macht Euch hier gleich eine Notiz: Nochmal überarbeiten. Immerhin steht da schon etwas, und Ihr kommt besser in den Flow. Nicht vergessen und stehen lassen!
- Fangt mit dem Absatz an, der Euch am klarsten ist. Vermutlich hattet Ihr eine **Kern-Idee**, um die Ihr alles andere herumgruppieren wolltet. Fangt damit an. Kümmert Euch später um den Rest.
- **Provoziert.** Haut auf die 12. Schreibt eine Aussage rein, die die Leute sofort reinzieht. Gut ist eine – neue – aufsehenerregende Statistik. Beispiel: „Nur jeder dritte Mann wäscht sich nach dem Toilettengang die Hände."
- Stellt eine **Frage in den Raum**. Damit holt Ihr die Leute ab. Ihr weckt Neugier, erzeugt Aufmerksamkeit und ein Gefühl. Beispiel: Habt Ihr am Wochenende auch immer Streit?
- **Klammert:** Startet den Artikel so, wie Ihr ihn beendet. Wenn Ihr zum Beispiel eine Situation aus Eurem Leben beschreibt, dann kehrt am Ende genau zu dieser Szene zurück. Sagt, wie sie ausging, wie es danach weiterging – das hält die Spannung und ist – nicht nur bei Medienleuten ein beliebtes Tool.
- Startet mit einer **Anekdote**. Erzählt etwas von Euch – und sofort sind alle an Bord. Beispiel: „Als sich mein Mann gestern Abend zu mir ins Bett legte, stand nur eine Frage

im Raum." Ihr wollt wissen, WELCHE Frage? Ich auch. Und schon habt Ihr einen guten Einstieg. Große Werke der Weltliteratur habe ich mir nur anhand des ersten Satzes merken können.

HIER EIN PAAR BEISPIELE:

„**ES** WAR EIN VERRÜCKTER SCHWÜLER SOMMER, DIESER SOMMER, IN DEM DIE ROSENBERGS AUF DEN ELEKTRISCHEN STUHL KAMEN UND ICH NICHT WUSSTE, WAS ICH IN NEW YORK EIGENTLICH WOLLTE."
SYLVIA PLATH: DIE GLASGLOCKE

HEUTE IST MAMA GESTORBEN. ODER VIELLEICHT AUCH GESTERN. ICH WEIß ES NICHT GENAU.
 ALBERT CAMUS: DER FREMDE

JEMAND MUSSTE JOSEF K. VERLEUMDET HABEN, DENN OHNE, DASS ER ETWAS BÖSES GETAN HÄTTE, WURDE ER EINES MORGENS VERHAFTET.
FRANZ KAFKA, DER PROZESS

STORYTELLING –
DIE ALLZWECKWAFFE

Kennt Ihr Gary Vaynerchuck? Der 44-jährige ist eine Marketing-Legende. Seine eigene Geschichte lässt sich so zusammenfassen:

Kind weißrussischer Einwanderer baut Papas Weinladen in Queens zum Imperium mit Online-Handel und Webcast aus. Gründet eine Digital-Agentur und schreibt Marketing-Bestseller. Geschätztes Vermögen: 160 Millionen Dollar.

Seht Ihr? Auf drei Zeilen kann man eine Geschichte erzählen. Aber das Storytelling, das Vaynerchuck unterrichtet, hat er selbst anhand seiner eigenen Biographie perfektioniert. Aber lassen wir Gary selbst zu Wort kommen:

WHETHER YOU'RE AN ENTREPRENEUR, A SMALL BUSINESS, OR A FORTUNE 500 COMPANY, GREAT MARKETING IS ALL ABOUT TELLING YOUR STORY IN SUCH A WAY THAT IT COMPELS PEOPLE TO BUY WHAT YOU ARE SELLING.

Also: Erst, wenn Ihr Eure eigene Geschichte erzählt, werdet Ihr richtig erfolgreich. Ich sehe immer wieder Influencer, die jetzt in ihrer Welt Megastars sind: Millionen Follower, Kooperationen ohne Ende. Was den meisten fehlt: Eine Story, die sie zur Marke macht. Spätestens in fünf Jahren – und länger ist die Halbwertszeit dieser Stars nicht – müssen sie sich Gedanken machen, welche Geschichte sie selbst erzählen. An Storytelling kommt niemand mehr vorbei. Es ist mittlerweile das wichtigste Wort in jeder Branche, die irgendetwas vertreibt. Dachten die meisten noch, es gehöre in die Welt des Kinos, ist es jetzt der kleinste gemeinsame Nenner, auf den sich alle einigen können. Coaches verdienen sich eine goldene Nase, indem sie Konzernbossen und ihren Marketing-Armeen beibringen, wie man aus Fakten Stories macht.

Der verstorbene Apple-Gründer **Steve Jobs** stellte damals den iPod mit dem Mini-Satz vor: „1000 Songs in Deiner Tasche." Bäm. Es gibt viele solcher Beispiele. Hier eine von Ernest Hemingway: „Zu verkaufen: Babyschuhe, nie getragen." Oder die Geschichte einer Beziehung: „Fremde, Freunde, Liebende, Feinde". Mehr Worte sind nicht nötig, alles gesagt.

Aber nicht nur große Unternehmen erzählen Geschichten. Wir alle tun es, ständig und überall. Wer in den sozialen Medien dauerhaft erfolgreich sein will, sollte sich schnell ein paar Storytelling-Skills aneignen. Findige Influencer haben gemerkt, dass es nicht reicht, mit perfekter Haut eine Ampullen-Kur anzupreisen. Hier muss eine Story her: Ist es nicht viel interessanter, den Leidensweg der Frau zu lesen? Wie lange sie nach einem Mittel gegen ihre Hautrötungen gesucht hat, wie viele Schichten Make-up sie täglich über ihre Äderchen schmieren musste, bis sie dieses Serum gefunden hat. Auch hier nimmt uns jemand mit auf eine Reise: „Ich habe gelitten und gesiegt. Und Du kannst das auch!" Die schnellen Influencer haben das erkannt und sofort in den Storytelling-Modus geschaltet. Die Langsamen ziehen nach.

WAS KANN STORYTELLING AUF SOCIAL MEDIA:

- ES BAUT NÄHE UND VERTRAUEN ZWISCHEN EUCH UND DEN FOLLOWERN AUF. DESHALB REICHT KEIN VERWEIS AUF DIE „ABOUT ME"-SEITE. WER IHR SEID, SOLLTE IN JEDEM POST DURCHSCHIMMERN.

- ES MACHT EUCH EINZIGARTIG. NUR IHR ERLEBT UND ERZÄHLT DIE STORY SO. DAS IST EINE RIESENCHANCE, SICH VON ALL DEN INFLUENCERN DA DRAUßEN ABZUHEBEN.

- ES BRENNT SICH BEI DEN LEUTEN EIN. DENN EUER POST BLEIBT NICHT NUR AUF DER SPRACHLICHEN EBENE HAFTEN, SONDERN VOR ALLEM AUF DER EMOTIONALEN.

Das Gute:

> ## DIE **GESCHICHTEN** SIND SCHON DA. **IHR MÜSST** SIE NUR NOCH **ERZÄHLEN**. 😝

Während des Schreibens solltet Ihr Euch fragen:

- Hat der Post irgendeine **dramaturgische Kurve**?
- Gibt es einen **Leidensweg**, den Ihr, der Held oder die Heldin beschreiten müsst?
- Müsst Ihr **Hindernisse** überwinden? Gegen Vorurteile ankämpfen, Kohle zusammenkratzen?
- Könnt Ihr am Ende den heiligen Gral in der Hand halten? Gibt es einen **Sieg**?
- Habt Ihr die **Entwicklung** der Heldin oder des Helden in Worte gepackt und so ein **Bedürfnis** bei den Followern geweckt oder erfüllt?

Bingo. Dann habt Ihr das Grundprinzip des Storytellings verinnerlicht. Jeder und jede von Euch hat eine Geschichte. Von meinen Leserinnen weiß ich: Sie kämpfen, wie ich, täglich mit Kinderlaunen, Performance-Druck im Job, Zukunftssorgen und dem Älterwerden in einem Wald aus Beauty-Diktaten. Von den männlichen Lesern weiß ich: Sie stecken mitten in der Midlife-Crisis und fragen sich jeden Morgen oder wenn sie nachts wach liegen: War das schon alles? Ist da draußen nicht noch eine große Liebe, eine sinnvolle, erfüllende Tätigkeit und mehr Zeit für mich selbst?

Hier knüpfe ich an und erzähle meine Geschichten. Ich gebe viel Privates preis: Flugangst, Diät-Krampf, Eltern-Stress. Die Zeiten, in denen Kylie Jenner einfach nur ihr neues Glätteisen in die Luft hält, während ihr chirurgisch optimierter Körper uns den Rest gibt, werden irgendwann vorbei sein. Schon jetzt erzählen Stars auf Instagram immer mehr von sich: Heidi Klum wird von einem Parasiten flachgelegt (nicht ihrem Mann – von einem Darm-Parasiten), andere Promis weinen in die Kameras, ganze Accounts basieren auf einer besonderen Geschichte. Da ist die Mutter, die mit einer Tochter mit Down-Syndrom zum Insta-Star wurde. Sie zeigt ihr Zuhause, Mahlzeiten, Urlaube – aber eben alles mit einer besonderen Ausgangslage. Da ist der Witwer, der seinen Stress als Alleinerziehender offenlegt.

Wie aber kommt die Story zum Post?

Macht gleich zu Beginn klar, dass Ihr mehr zeigt als Euer Outfit des Tages:

- ◢ Fangt persönlich an. Was ist Euch gerade passiert? Eine **Situation** ist der beste Aufhänger – sofern sie in Bezug zum Rest steht.
- ◢ Das **Geständnis**: Entwaffnet Eure Leser gleich zu Beginn „Ich pinkle immer in die Dusche" zum Beispiel. Ups. Nicht schön, aber interessant, findet ihr nicht?
- ◢ Textet **direkt aufs Bild,** eine TV-Weisheit, die mir schon oft geholfen hat. Sagt etwas drüber, wo und wie es entstanden ist.
- ◢ **Seid ehrlich!** Bei vielen Couplegoal-Fotos wüsste ich zu gern, ob es Minuten vorher gekracht hat zwischen den beiden, ob sie ihm mit ihrem Perfektionismus auf die Nerven ging, ob er vielleicht keine Lust mehr hat, seinen Urlaubstag für 200 Selfies zu unterbrechen. Hier hilft radikale Ehrlichkeit. Was ist das WIRKLICH für ein Foto?
- ◢ Traut Euch, **unperfekt** zu sein! Ja, die Leute kaufen die teure Anti-Cellulite-Creme ihrer Lieblings-Influencerin. Sie wissen, dass die perfekten Oberschenkel ihrer Heldin täglichen Workouts mit dem Personal Trainer und einer Low-Carb-Diät geschuldet sind. Wie schön wäre es, wenn wir das auch genauso erfahren würden?

Die Fußball-Bibel 11 Freunde hat einen unfassbar guten Live-Ticker – jeder Eintrag eine Geschichte, ein Wortspiel, eine extra Gedankenschlaufe. Ein Beispiel: „Florian Kohlfeldt – nur noch einen Klassenerhalt davon entfernt, dass jeder Journalist seinen Namen richtig schreibt." Genial.

Gerade schaue ich mir auf YouTube Motivations-Videos von Gary Vaynerchuck an – Ihr wisst schon, der Marketing-Gott vom Anfang des Kapitels. Seine wichtigste Message: Seid Ihr selbst. Das wird sich irgendwann auszahlen. Erzählt Eure Geschichte. Immer wieder. Wer am längsten den Atem anhält, gewinnt.

Ich saß wie gebannt vor diesem Video. Ein einzelner Post kann solch eine Wucht-Wirkung haben. Fesselt die Leute mit Sprache! Wie? Los geht's!

WIE **SCHREIBE** ICH **FESSELND?**

Vorbereitung und Einstieg sind geschafft. Die Leute sind drin in Eurem Post. Und jetzt? Geht es darum, sie über eine schöne dramaturgische Brücke ans andere Ende zu führen. Das geht, indem Ihr Spannung aufbaut. Wer schon mal ein Fußballspiel im Stadion angesehen hat, kennt es: Das Nervenkitzel-Händeflattern während eines Freistoßes. 70 000 Leute flattern mit den Fingern und steigern ihre Stimmen – bis endlich der erlösende Schuss fällt. Alle Arme in die Luft, Rufen aus 70 000 Kehlen. Ob ein Tor gefallen ist oder nicht – völlig egal. Wichtig ist die Spannung. Und die müsst Ihr in jedem Social Media-Text halten. Okay, Twitter ist hier aufgrund seiner Kürze ein bisschen außen vor. Für alle, die mehr als zwei Zeilen posten, gilt: Macht es dramatisch, steigert! Lernt von Euren Serien. Warum machen wir alle Binge-Watching? Weil wir ab der ersten Sekunde wissen wollen, wie es weitergeht. Genauso geht das auch mit Worten. Das Ende einer Serie spoilern? Geht gar nicht. Also sagt auch bitte nicht in Euren Posts: „Heute zeige ich Euch, wie Ihr eine alte Rolex fachgerecht auseinandernehmt und putzt". Wer eine alte Rolex zu Hause rumliegen hat, die er reinigen möchte, wird jetzt zuschauen. Wir wollen aber auch Leute ansprechen, die eine kaufen wollen, die noch gar nicht ans Putzen gedacht haben, die aber jetzt aufhorchen. Und wie tun sie das? Indem ihr es spannend verkauft: „Aus alt mach edel – Wie Ihr Eure alte Rolex selbst putzt, ohne dem Fachmann im Uhrenladen ein Vermögen dafür zu zahlen? Es geht ganz einfach – nur **einen** Fehler dürft Ihr nicht machen..."

Klingt doch schon viel spannender, oder? Kitzelt die Gehirne der Leute. Sie sollen im Kopf genau diese Reise machen:

„Was ist das? Ich klick mal. Ah, wusste ich nicht. Ist ja interessant. Erzähl ich gleich XY. So was brauch ich auch!"

Seht Ihr? Wieder zwei Zeilen, eine Story. So fesselt Ihr die Leute.

Jetzt habt Ihr alle Zutaten zusammen für den perfekten Post. Ihr wisst, wie Ihr vorbereitet, wie Ihr einsteigt, welche ersten Sätze funzen. Ihr wisst, wie Ihr Spannung aufbaut. Und jetzt kommt die Frage:

Wie schreibe ich für welche Plattform?

PLATTFORM-
GERECHTES
SCHREIBEN

SCHREIBEN FÜR INSTAGRAM

Für mich ist Instagram die spannendste Plattform für Text. Weil die Fotos so wichtig sind und ein gutes Gesamtbild ergeben müssen. Aber auch, weil der Text die Wirkung vollendet. Nur, wer hier dauerhaft guten Content liefert, hat eine Chance.

Katzenvideos, Verschwörungstheorien und Kettenbriefe sind woanders besser aufgehoben. Auf Instagram könnt ihr Euch eine eigene Community aufbauen. Das dauert, lohnt sich aber. Es gibt keine Follower-Obergrenze und ziemlich freie Hand, was den Content angeht. Außerdem sind hier Menschen aktiv, die Bild-und Text-Ideen schätzen, und es gibt vergleichsweise wenige Trolle. Instagram bietet unfassbar viele Möglichkeiten, eine eigene bildstarke **Visitenkarte** zu kreieren. Die meisten Leute, die ich kenne, schauen morgens erst einmal die Insta-Stories durch. Ob Heidi Klum krank aus dem Bett ächzt oder Katy Perry ihrer todkranken Oma ihre Schwangerschaft enthüllt – dank der Story sind wir live dabei. Und die löscht sich spätestens nach 24 Stunden, also dann, wenn der News-Inhalt eh schon alt ist. Anders als bei Youtube ist bei Insta aber das Maß entscheidend. Rezo hätte hier mit seinem Video möglicherweise nicht so viele Views gehabt. Es ist auf einer Bild-Plattform eben immer noch schwierig, ein einstündiges Video unterzubringen.

Ist Insta deshalb oberflächlicher? Ich finde nicht. Hier wird nicht nur der **Text immer wichtiger**. Es ist auch sowas wie eine offizielle Verlautbarungs-Plattform für Stars geworden: Immer mehr Promis verkünden hier ihre Trennung und die Gründe dafür, verbunden mit der Bitte, sie jetzt in Ruhe zu lassen (übersetzt bedeutet das: Interviewanfragen bitte ans Management). Was auf Insta gut funktioniert: der CTA, der **Call to Action**. Wer etwas verkaufen will, tut das mit schönen Fotos, einer kleinen, gut getexteten Story drumherum und dann einer direkten Aufforderung, zu kaufen, zu antworten oder zu kommentieren. Der Traffic, den man so generiert, ist Gold wert, denn er macht jeden Account wertvoll für Werbetreibende und Betreiber.

Außerdem macht es schlicht Spaß, mit Leuten zu kommunizieren, die sich auf Euch und Eure Story einlassen. Es gibt Austausch, und der ist meist wohlwollend, manchmal kritisch. Was ich nicht mag: Zaungäste bei Insta. Hier geben sich Menschen Mühe, ihren eigenen Kosmos zu schaffen. Also bitte: Nicht nur zuschauen, mitmachen! „Aber wer will denn

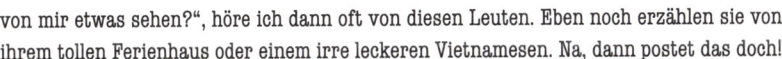

von mir etwas sehen?", höre ich dann oft von diesen Leuten. Eben noch erzählen sie von ihrem tollen Ferienhaus oder einem irre leckeren Vietnamesen. Na, dann postet das doch!

Wer auf Instagram ist, muss beileibe kein „instagramables" (auch so ein bescheuertes Wort) Leben mit Privatjet, Roadtrip oder einen XXL-Po haben. Er muss sich nur zeigen.

GUTE CAPTIONS

Die Captions sind der Text unter Eurem Foto und **fast** die halbe Miete. Studien zeigen: Ein erfolgreicher Post besteht zu 60% aus Bild und zu 40% aus Text. Und um diesen Text soll es jetzt gehen.

Gute Captions…

…sind im Voraus geplant. In der Notiz-App könnt Ihr Euren Text schon festhalten und dann kopieren.

…werden erstmal als Ideen gesammelt und eine Nacht liegengelassen. Die besten Ideen kommen nämlich oft nach dem Posten.

…sind bis zu 50 Zeichen lang.

…haben direkt mit dem Foto zu tun.

…sind in **einer** Tonalität erzählt, wechseln also nicht zwischen Stimmungen hin und her.

…sprechen die Sprache ihrer Zielgruppe.

…fesseln Leser an den Post – Instagram erkennt, wie lange die Leute sich einen Post anschauen. Ein guter Text sorgt für ein paar Minuten mehr.

…reizen die erlaubten 2200 Zeichen (das sind etwa 330 Wörter), Emojis und bis zu 30 Hashtags aus.

…bringen das Stärkste am Anfang. Nur die ersten 125 Zeichen zeigt Instagram an, danach müssen Viewer den „Mehr"-Button drücken. Und schon hier steigen viele aus.

…schreiben eine perfekte erste Zeile.

…stellen ihren Followern kluge Fragen.

…erzählen eine Geschichte, und sei sie noch so kurz.

… bekommen Shoutouts, also Verweise von anderen, reichweitenstarken Accounts.

…sind gut lesbar. Sie streuen Emojis ein und haben Absätze, damit sich das Auge zurechtfindet.

…greifen für die Grammatik auf Apps zurück wie Grammarly.

…sagen etwas über die Entstehung des Bildes.

….schließen mit einem Call to Action, einer konkreten Handlungsaufforderung.

DIE **INSTA-STORY:**
TEXT AUF 20 SEKUNDEN

Ein besonderes Tool, um kurze, gute Texte unterzubringen, sind Insta-Stories. Schaut man sich die gesprochenen Stories an (also keine Grafik-Tafeln oder Boomerangs), stellt man fest: Die wenigsten Leute hauen hier spontan irgendwelche Sätze raus – obwohl es so aussieht. Ich selbst nehme mindestens viermal dieselbe Story auf, bevor ich sie veröffentliche. Denn auch hier gelten die schon bekannten Regeln. Ihr braucht:

Einen **starken Einstieg**, einen Knallersatz, der aufhorchen lässt. Eine Frage ist auch gut, weil der Kontakt hier unmittelbar ist. Haltet Euch nicht lange auf mit „ich stehe hier", sondern beschreibt gleich, was das Besondere an diesem Ort, dieser Situation ist.

Eine **Spannungskurve**. Die Leute bleiben nur dran, wenn Ihr ihnen etwas in Aussicht stellt und schnell Spannung aufbaut.

Keine Text-Text-Schere: Wenn Ihr sprecht, die Follower aber zeitgleich eure Texte sehen, irritiert das. Bei einer Insta-Story müsst Ihr die Leute innerhalb kurzer Zeit auf zwei Ebenen mit Infos versorgen – und die sollten sich ergänzen. Beispiel: „Eine neue Folge von unserem Podcast XY ist online, und wir haben uns gefragt..."Das ist auf der Sprech-Ebene ein mögliches Statement. Auf der Schrift-Ebene sollte in Kürze dasselbe stehen.

Ein straffes **Textgerüst**. Noch weniger als überall auf Social Media ist hier Platz für Geschwafel. Die Leute testen innerhalb der ersten paar Sekunden, ob sie dranbleiben oder nicht. Schreibt Euch die wichtigsten Punkte auf. Dann sind nicht so viele Takes nötig.

Einen **guten Schluss**. Schlecht ist, wenn die Story hinten abgehackt wird, weil sie zu lang war.

Wenige Versprecher. Natürlich soll es nicht zu gestellt klingen, und kleine Stolperer sind charmant. Aber macht Euch vorher klar, was Ihr sagen wollt. Langweilt die Leute nicht mit Gestammel.

HASHTAGS

Auch ein Hashtag ist ein Text.

Als ich anfing, auf Instagram zu posten, rief mich irgendwann ein Kollege an. Er war lange beim TV und jetzt bei einer Agentur für YouTuber. „Dein Account könnte zehnmal so viele Follower haben", sagte er. „Aber deine Hashtags sind ein Alptraum. Ausgerechnet Du solltest die Worte doch geschickter wählen!" Wie bitte? Kurz davor, den Mann aus meiner Freundesliste zu löschen, ging ich in mich und musste ihm rechtgeben. Ich hatte den klassischen Anfängerfehler gemacht und einfach die erstbesten Hashtags genommen #me, „thinking", auch noch ohne Abstand dazwischen, ich hatte niemanden vertaggt und nichts erzählt. Ich weiß, das ist erbärmlich. Ich lernte aber schnell dazu – wobei mir seine Tipps maßgeblich halfen.

Den meisten Leuten geht es zunächst einmal wie mir, es sei, denn sie sind Profis oder Teenies: Ihre Hashtags sind zu wenig, zu schlecht, zu beliebig – wer soll sie in dem Meer an Accounts und Schlagwörtern finden?

HASHTAGS KÖNNEN EURE SICHTBARKEIT ERHÖHEN UND EUCH HELFEN, REICHWEITE AUFZUBAUEN.

Dabei ist nicht die Menge der Hashtags ausschlaggebend, sondern die Qualität. Vor allem kleine und mittlere Accounts gewinnen durch passende Hashtags, weil sie neue Follower bekommen, die nach speziellen Inhalten suchen. Große Accounts mit mehr als 50 000 Followern sind darauf nicht mehr so angewiesen.

Mein Kollege gab mir ein paar Regeln mit auf den Weg:

Nie mehr als 30 Hashtags, weil sonst alle gelöscht werden, aber auch nie weniger als 10 (okay, so viele schaffe ich selten).

Nicht zu beliebig, also **keine Allerwelthashtags** wie „Party". Schon beim Eingeben des Hashtags erscheint die Zahl, wie oft das Ding schon existiert. Wenn es mehr als eine Million gibt, vergiss es! Niemand wird nach Deinem Content suchen. Du musst spezifischer werden. Also nicht „Obst", sondern „Obstsalatrezept" etc. Manche Unternehmen schaffen es auch, eigene Hashtags für ihre Kampagnen zu kreieren. Das ist ein genialer Schachzug, der modern ist und Zugehörigkeit, Wiedererkennungswert schafft.

Lasst eine **Leertaste** zwischen den Hashtags.

Nutzt nur Hashtags, die wirklich zu Eurem **Bildinhalt passen**. Sonst kommen die Leute kein zweites Mal. Dafür binden passende Hashtags Follower an Euch. Sie haben gefunden, was sie gesucht haben.

Variiert die Hashtags. Ihr postet ja auch immer andere Bilder. Die Leute wollen sehen, dass ihr Euch Gedanken gemacht habt. Mit Copy & Paste geht's zwar schnell. Ihr zahlt aber drauf, weil das beliebig wirkt, und die Leute sich veräppelt fühlen.

Diverse **Tools im Netz** zeigen Euch, welche Hashtags gerade trenden, also das Rennen machen. Das kann sich allerdings schnell ändern.

SCHREIBEN IN DER KRISE

Bis zur Corona-Krise schien die Social Media-Welt klar geordnet: Es gab Millionen Menschen, die posten, bloggen, kommentieren, liken. Im Olymp eine Gruppe von Göttern, die wunderbar davon leben konnten und überschüttet wurden mit Taschen, Urlauben und Kosmetik.

Seit der Pandemie dreht sich die Welt anders. Plötzlich genügt es nicht mehr, das eigene Tages-Outfit anzupreisen. Posts, in denen junge Frauen sich vor dem Eingang zur Fashion-Week ablichten lassen, wirken merkwürdig aus der Zeit gefallen. Klar, es wird alles wieder Fahrt aufnehmen. Aber wenn wir eines in dieser Krise gelernt haben (außer Abstand zu halten), ist es:

Mehr Tiefgang, bitte!

Die Leute wollen jetzt mehr denn je Stories, sie wollen Hintergründe. Jeder einzelne Erdbewohner hat seine eigene Art entwickelt, mit dieser weltumspannenden Notlage umzugehen. Es gab plötzlich eine Menge neuen Text-Input im Netz. Die Angst und die Einschränkungen hatten Milliarden Menschen im Griff, die alte Oberflächlichkeit ist dahin. Natürlich werden Social Media-User bis in alle Zeiten Klamotten und Reisen lieben. Aber mehr denn je wollen wir jetzt wissen: Wer steckt hinter der Story? Wir müssen Abstand zueinander halten – und sind doch neugieriger aufeinander geworden. Insofern hat diese Weltkrise nicht nur uns alle nachhaltig verändert, sondern auch die Art, wie wir uns in den sozialen Medien darstellen und texten.

INTERVIEW MIT **ANNETTE WEBER**,
EHEMALS CHEFREDAKTEURIN INSTYLE,
JETZT BLOGGERIN, INSTAGRAM-VORBILD
MIT 154 000 FOLLOWERN UND
TEXT-PERFEKTIONISTIN:

Sie sind aktiv und erfolgreich im Netz – als Bloggerin und auf Instagram. Wie kam dieser neue Multimedia Job nach fast einem Jahrzehnt auf dem Chef-redaktions-Sessel eines Print-Produktes?

Ich hatte schon als Chefredakteurin mit Instagram angefangen. Kevin Systrom, der Instagram-Gründer, hatte uns in München besucht und ich war begeistert. Allerdings ließ mir mein Job dafür wenig Zeit. In meinem Sabbatjahr öffnete ich dann ein Avatar-Profil von mir, ganz anonym. Es machte mir Spaß und schien die logische Fortsetzung dessen zu sein, was ich schon vorher für Print mach-te: Aufbereiten von Trends. Diesmal allerdings in einem neuen Medium.

Ihre Posts fallen durch schöne Sätze und perfektes Deutsch auf. Eigentlich eine Selbstverständlichkeit, sollte man meinen. Warum sollten sich Fashion-Bloggerinnen nicht nur auf ihre Fotos verlassen?

Vielen Dank für das Kompliment. Ich denke aber, dass es in erster Linie die Fotos sind, die die Follower begeistern. Schöne, toll inszenierte Fotos gefallen einfach. An einem Traumstrand, beim Sonnenuntergang, in Paris oder New York gibt's gleich viel mehr Likes und Clicks. Bei mir, @nettiweber und @glamometer, haben die Fotos allerdings eher einen Nutzwert. Wir versuchen die aktuelle Mode tragbar umzusetzen, neue Styling-Ideen zu vermitteln. Da wir erwachsene Frauen ansprechen, kann ich keine Nonsense-Texte liefern. Erwachsene Frauen wollen eine seriöse Ansprache. Ich kann also allen Influencern, die auf die kaufkräftige Kundschaft zielen, nur empfehlen, AUCH auf die Texte zu achten.

Drei goldene Grundregeln für Fashion-Texte?

So viele Informationen wie möglich, aber nicht langweilig, sondern mit Schwung oder Augenzwinkern. Es kommt natürlich immer darauf an, WO der Modetext steht. Ich bin Mode-Kolumnistin bei BILD, da schreibe ich etwas anders als auf Instagram oder in meinem Blog.

Was sind sprachliche NoGos?

Rechtschreibfehler! Für MICH wirkt der ganze Post dann schlampig. Aber ich bin ja auch Journalistin…

Worin unterscheiden sich Social Media-Texte von Magazin-Texten?

Social Media-Texte sind noch kürzer und prägnanter. Auf Instagram will kein Mensch lange Texte lesen.…

Wie stehen Sie zu Anglizismen und Fashion-Fachbegriffen?

Als Chefredakteurin habe ich gelernt, wie wichtig eine liebevolle Heranführung an bestimmte Themen ist. Modebegriffe tauchen plötzlich auf, oft englisch, werden dann von den Insidern benutzt, aber leider vom Publikum nicht verstanden. Schon gar nicht, wenn das Wort dann geschrieben dasteht. Klar, Englisch ist ein Schulfach, aber wer in seinen 30ern ist und nicht ständig in USA tourt, hat vielleicht nicht sooooo die Praxis und Übung. Andererseits ist es natürlich wichtig und richtig, neue Fachbegriffe einzuführen – mit der entsprechenden Erklärung dazu.

Instagram-Ikonen sind oft Vorbilder für Millionen – trotzdem sind viele Texte lausig. Wie kommt's?

Es gibt halt wenige Universalgenies.….

Können Sie uns den Zusammenhang zwischen guten Texten und besseren Zahlen/Reichweite erörtern? Kann man verkürzt behaupten: Ein guter Text sorgt für mehr Gewinn?

Das ist LEIDER nicht so. Gute, also seriös geschriebene und formulierte Texte braucht man eigentlich nur für die Zusammenarbeit mit Werbekunden. Man kann sich nicht vorstellen, was da am Anfang alles zugemutet wurde. Es gab Influencer, die nicht mal den Namen ihrer Kunden korrekt aussprechen konnten.

Von der Schreibweise ganz abgesehen. Das ist jetzt nicht mehr so. Oft lassen die Kunden die Texte auch absegnen. Aus Fehlern gelernt...

Worauf sollte ich bei den Hashtags achten?

Wenn man ein Profil aufbaut, sollte man keine Hashtags benutzen, die zu groß sind, #ootd beispielsweise, da bist Du eine Zehntelsekunde oben und dann weg auf Nimmerwiedersehen. Besser sind Hashtags zwischen 10.000 und 100.000 Einträgen. Und immer präzise in der Suchfunktion sein, also #mantel ist nicht so gut wie #blackteddycoat.

Stichwort Storytelling: Wie finde ich eine gute Geschichte für meine Captions?

„The Picture Tells The Story", hab ich früher mal gelernt....und wie gesagt: Infos sind auch nicht schlecht.

Wie ist die Zukunft für Fashion-Blogger? Kommen diese Leute in Zukunft ohne Worte aus?

Auch wenn das für uns Journalisten schlimm klingt: Es funktioniert tatsächlich so. Du brauchst heute keine Worte mehr. Gerade bei den Stories. Keine Worte, aber stimmungsvolle Musik im Hintergrund. Und im Feed: Viele Blogger haben ihre Defizite im Texten erkannt und schreiben nur noch Hashtags hin. Auch das funktioniert prächtig.

Wie kann Sprache aus einem Blog eine Marke machen?

Wenn sie einzigartig ist. Etwas Besonderes hat. Das ist bei mir ein bisschen der Fall. Viele Follower mögen meinen Blog und meine Profile AUCH wegen der unkonventionellen Texte und der humorvollen Art, über Dinge zu berichten.

Wie und wann texten Sie? Lassen Sie Korrektur lesen?

Ich schreibe täglich, es ist ja mein Beruf. Bei großen Interviews für Kunden, gerade solche mit technischen Inhalten, lesen die Firmen selbst Korrektur. Da geht es aber nicht um Kommata, sondern um den Inhalt. Damit alles korrekt ist. Einmal hatte ich den Fall, dass ich einen Text über eine Veranstaltung, einen glamourösen Event, schreiben sollte, meines Erachtens war es ein Sahnestückchen, was ich da ablieferte. Man weiß als Chefredakteurin ja, was einen „guten" Text ausmacht. Dann schrieb eine PR-Assistentin meinen Text zu einem naiven Schulaufsatz um. Man sieht: „gute" Texte sind subjektiv. Und „Korrektur" kann verheerend sein.

BABY, I'M WORTH IT – WAS IST TEXTEN WERT?

Wir alle sprechen Deutsch. Wir alle können schreiben. Aber nicht alle können auch texten. **Genauso wenig, wie ein Fahranfänger plötzlich Formel 1 Rennen fahren könnte, kann ein Mensch, der gelegentlich schreibt, aus dem Stand einen guten Text verfassen.**

Da wir in einer Welt leben, die sich immer stärker auf Bilder konzentriert, ist der Text in der Bedeutung geschrumpft. Wir haben lange die Entwertung von Sprache erlebt. Das schlägt sich leider auch in der Bezahlung nieder. Immer mehr Redaktionen lassen irgendwelche Junior-Assistenten die Texte zusammenschustern, Promis lassen einen alten Kumpel („Der Tobi macht meinen Account") die Captions schreiben. Heraus kommt leider oft: Grottiges Deutsch, ungelenke Sätze, Rechtschreibfehler, witzloses Geschwätz. Hauptsache, der Hashtag stimmt.

Für professionelle Texter wird das Leben immer schwieriger. Neben einer Handvoll hochbezahlter Show-Schreiberlinge wird die Luft in Deutschland für Autoren immer dünner. Immer wahlloser werden Sätze von irgendwem rausgehauen, ob auf Social Media, im TV oder in Büchern. Mehrere hundert Euro für einen Schreiber für die Website ausgeben? Ist nicht im Budget. Dabei wären Zeitschriften, Produktionsfirmen und Fernsehsender gut beraten, in Sprache zu investieren. Youtuber könnten NOCH mehr Follower erreichen, wenn ihre Skripts gut getextet wären. Instagram-Stars hätten unter ihren Fotos gute Geschichten mit einer Pointe und einem Call to Action. Wir alle wären für Fans und Nachahmer gute Vorbilder, die schönes – und vor allem richtiges – Deutsch sprechen.

Aber Qualität kostet Geld. Gerade die Welt von Social Media spart an dieser Stelle. Jeder kann sich schnell bei einem Blog-Host eine Website zusammenbacken. Aber fast niemand investiert ein paar hundert Euro in jemanden, der schön schreibt. Als Autorin habe ich oft über die Reaktion von Produktionsfirmen geschmunzelt („Wie bitte? So viel Geld für einen 45-Minüter, den auch die Volontärin schreiben kann?") Viele Aufträge sind schon auf diese Art geplatzt. Noch schlimmer: Oft musste ich Kompromisse eingehen und habe mich hinterher geärgert: Für eine Leistung, die mich zwei Tage bei strahlendem Sonnenschein an den Schreibtisch fesselte (es ist leider nicht so, dass man dabei gemütlich im Café sitzt), gab es verdammt wenig Geld. Für andere zu schreiben, das erfordert Konzentration. Viele angelieferte Recherchen sind schlampig oder unvollständig. Also müssen Schreibende ständig Ausflüge ins Netz machen, die Glaubwürdigkeit der Quellen prüfen, die neuesten Studien rausfiltern. Das alles muss bezahlt werden. **Wer seinen Text gegen Bezahlung auslagert, hat das Recht auf schöne Sprache und Pointen** – und all das gibt's eben nicht für lau.

Übrigens habe ich beobachtet, dass Frauen sich auch hier schwerer tun, einen angemessenen Betrag für ihre Arbeit aufzurufen. Stattdessen lassen wir uns gern von Leuten einwickeln, die behaupten, dafür gäbe es nun wirklich kein Budget. Für knauserige Kunden habe ich oft nur eine Antwort: „Wenn Ihr nicht mehr Geld habt, dann lasst es den Volo machen." Schluss mit dem Preis-Dumping!

Übrigens auch einer, den Autor*innen sich bei der **VG Wort** vergüten lassen können. Für jeden selbst geschriebenen Text gibt es auch bei der Verwertungsgesellschaft noch einmal Geld. Was Ihr dafür tun müsst: Registrieren und dann ein bisschen durch die Suchmaske friemeln. Es lohnt sich.

Also: Setzt Euren Marktwert nicht zu niedrig an. Alle sprechen von Content-Creators. Aber zu Content gehört auch Sprache. Wer das nicht bezahlen will, ist ein falscher Kunde.

NOCH NICHT TOT: DAS FERNSEHEN.

TEXTEN FÜR TV

Seit zwanzig Jahren verdiene ich meine Miete im TV. Diese Branche, in Zeiten von Netflix und YouTube für eine aussterbende Zunft gehalten, wird aber überdauern. Es wird nicht so sein, dass Menschen eines Tages im Museum stehen und auf Screens in Vitrinen zeigen: „Schau mal, Anton, so haben wir früher Serien geschaut." Im Gegenteil: Große Player wie die Amazon Studios holen sich Teile ihres Knowhows immer noch bei den TV-Sendern. Zumindest so lange, bis alle das Denken in Bildern, das Storytelling, die Produktionswege verinnerlicht haben. Natürlich haben Netflix und Co vieles richtig gemacht, was beim Fernsehen schon lange verquer lief: Sie stecken viel Geld in ihr Programm und haben eine Organisation, die den oft verknöcherten und umständlichen Entscheidungswegen in den Funkhäusern (lasst Euch dieses Wort mal auf der Zunge vergehen!) um Lichtjahre voraus ist. Nichtsdestotrotz lässt sich jetzt schon der Trend ablesen: TV wird nicht aussterben. Die Generation, die heute **Haus des Geldes** schaut, wird mit 60 auch um 20 Uhr die Tagesschau sehen. TV on demand ist eine prima Sache. Ich glaube und sehe aber: Der Trend geht wieder verstärkt zum TV, zu großen Lagerfeuer-Shows, die ganze Familien und Freundeskreise vor dem Fernseher versammeln: **The Voice, Germanys Next Topmodel, Joko und Klaas.** Leicht verdauliches, das nebenherläuft: **Das Perfekte Dinner, Shopping Queen**. Alle diese gut getexteten Formate zeigen, dass TV nicht tot ist.

Die Corona-Krise hat zudem dem TV einen beispiellosen Aufwind beschert – und zwar vor allem den Sendern, die auf Information umgerüstet haben. Plötzlich gingen die Quoten von Privatsender-News durch die Decke. Es regnete Fernsehpreise für TV-Info-Shows. Die Krise hat laut einer Studie das Sehverhalten der Jüngeren nachweislich verändert.

Die TV-Texte reagieren auf diesen Trend. Jahrelang war es vielen Sendern mehr oder weniger egal, wer irgendwelche Worte auf irgendeinen Bilderteppich legte. Noch schlampiger ist es nur bei online: Hier gehen oft unterirdisch vertonte Filmchen ins Netz, die gruseln lassen.

Im TV gibt es für Schreiber ein Mehr-Klassen-System: Ein paar Edelfedern schreiben die Moderationen für fast alle großen Shows. Und dann gibt es noch ein paar Hundert guter Autoren, die einer Sendung eine Handschrift geben.

Und die werden wieder wichtiger. Ich beobachte einen Move zurück zu mehr Sprach-Qualität. Und der setzt sich vom TV in die Sozialen Medien fort.

VIEL MEHR **JUNGE LEUTE** NAHMEN DAS **INFO-ANGEBOT** RUND UM DIE PANDEMIE AN UND SCHALTETEN **INFO-SENDUNGEN** UND **NACHRICHTEN** EIN. ERFREULICH.

SCHREIBEN FÜR LINKEDIN

LinkedIn ist eine Business-Plattform und perfekt für Menschen, die sich ein großes Netzwerk aufbauen wollen. 2003 ging LinkedIn online, gehört seit vier Jahren zu Microsoft und hat weltweit mehr als 660 Millionen Anwender*innen. Es ist ein riesiges Selbstdarstellungsfeld für alles, was mit Job zu tun hat. Die letzte Bier-Radtour und Skateboard-fahrende Hunde haben hier nichts verloren. Hier tauscht man sich virtuell in Sachen Beruf aus. Bei LinkedIn ist Raum für Qualität, und es lohnt sich, in ein gutes Profil zu investieren. Ein starkes Business-Foto ist selbstverständlich. Aber bei LinkedIn gilt vor allem: Text sells. **Nur wo bringe ich bei dieser Plattform überhaupt Text unter?**

Im Profil-Slogan: Er erscheint direkt unter Eurem Profil-Foto und sollte sitzen. Am besten sind drei Stichwörter. Sie bilden die Eckpfeiler Eurer Job-Personality und sind das Erste, was jeder sieht. Gerade, weil es nur drei Wörter sind, sind sie besonders wichtig. Aber welche drei sollte ich nehmen? Am besten die Berufsbezeichnung, den Firmennamen und ein drittes, das ein bisschen visionärer sein darf. Hier könnt Ihr kreativ sein. Diese Bezeichnung darf neugierig machen.

Viele Leute bauen im Profil-Slogan schon ein Zitat ein. Das geht selten gut: Entweder ist es zu lang und erscheint daher nur zerstückelt. Oder es ist schon zu gut abgehangen. Manche Zitate sind zu speziell und nischig und manche schlicht falsch geschrieben. Daher mein Rat:

FINGER WEG VON ZITATEN IM PROFIL-SLOGAN!

Ich selbst schaue immer nach den Profilen neuer Follower, vernetze mich mit Leuten, deren Kurzbeschreibung und Foto mir interessant erscheinen. Ein Zitat hat mich noch nie gekickt.

Die zweite Möglichkeit, hier guten Text zu schreiben: In der **Zusammenfassung**. Die Zusammenfassung erscheint unter „Info", wenn jemand Euer vollständiges Profil anklickt. Sie ist Eure Möglichkeit, in Euren eigenen Worten zu beschreiben, was Ihr bietet. Im Lebenslauf ist nur das WAS wichtig. Interessierte schauen sich hier Eure Skills an. In der Info ist das WIE wichtig – Eure Verkaufe. Und hier kommen wieder die drei Stichworte aus Eurem Profil ins Spiel, Eure Kernmarke. Baut die Zusammenfassung um diese Wörter auf. Weil beim ersten Klicken nur die ersten drei Zeilen Eurer Zusammenfassung erscheinen, steckt alle Energie in die ersten Sätze. Der Einstieg sollte Leute neugierig machen, weiterzulesen. „XY ist als Head of XY in der Firma XY tätig" ist kein guter Aufschlag. Fasziniert die Leute in den ersten Zeilen! Und vor allem: Sprecht in der Ich-Form. Hier ist Zeit, Eure Persönlichkeit darzustellen.

SEO-Relevanz: LinkedIn berücksichtigt auch die Zusammenfassung, wenn es passende Ergebnisse zu Suchanfragen ausspielt. Bringt daher relevante Keywords im Text.

Schreibt user-freundlich und fehlerfrei: Dass Ihr auch hier die Rechtschreibung überprüft, versteht sich von selbst. Gliedert den Text in Modulen, also Absätzen. Macht ihn appetitlich und persönlich. Was ist die Story Eures Berufslebens? Warum seid Ihr in Eurem Job so gut?

Häufig siezt man sich auf LinkedIn. Das habe ich nicht übernommen. Vermutlich, weil ich aus einer Branche komme, in der sich alle duzen. Aber die Plattform wird allmählich ein bisschen lockerer – vermutlich, weil die meisten Mitglieder auch auf anderen sozialen Medien unterwegs sind.

IMMER WICHTIGER: SCHREIBEN FÜR PODCASTS

@ Podcast „Paardiologie"

Ich war lange süchtig nach dem mittlerweile eingestellten **Podcast „Paardiologie"** von Charlotte Roche und ihrem Mann Martin Kess. Woche für Woche hörte ich mir eine knappe Stunde lang an, was die beiden über ihr Liebesleben auspackten. Es dauerte gerne mal 15 Minuten, in der die beiden übers Pilze-Sammeln oder Wäschewaschen sprachen, bis die headline-würdigen Wahrheiten kamen. Zuerst fand ich diese Form der Sprachdarbietung befremdlich: Menschen quasseln ohne Skript einfach so drauflos? Die einzige strukturelle Rahmenhandlung scheint oft zu sein: Die Gesprächspartner stellen sich gegenseitig eine Frage, entlang derer sich der Dialog entlanghangelt. Mittlerweile bin ich im Thema – wie Millionen Menschen außer mir. Seit ein paar Jahren schwappt der Podcast-Tsunami übers Land, mit sehr großen wie **„Fest & Flauschig"** von Jan Böhmermann und Olli Schulz oder **„Gemischtes Hack"** von Tommy Schmitt und Felix Lobrecht mit etwa 500 000 Hörer*innen jede Woche – und vielen hundert kleineren für alle möglichen Nischen. Die Podcasts ersetzen die Unterhaltung in U- und S-Bahn, Du musst Dich nicht anstrengen, kannst einem guten Gespräch lauschen und bekommst lustige kleine Häppchen

@ Fest & Flauschig

@ Gemischtes Hack

serviert. Diese geschwätzige Form gälte in der TV-Branche als Rohmaterial, müsste zurechtgeschnitten, gestutzt und in Form getrimmt werden. Wir kennen Schlagzeilen wie: „Charlotte Roche will weniger Sex mit ihrem Mann". Dieser Satz fällt aber erst weit hinten im Podcast und wirkt in dieser Umgebung nicht wie eine schlecht platzierte News, sondern völlig organisch.

Für uns Medienleute ist das ungewohnt. Das Wichtigste kommt eben nicht zuerst, sondern **irgendwo**. Auch der Folgen-Titel fasst nicht das Thema der Sendung zusammen, sondern kann einfach ein lustiger Begriff sein. Heute habe ich mich an das Plätscher-Plaudern gewöhnt und kann ihm sogar viel abgewinnen.

Die Sprache von Podcasts? Ist bisher kaum untersucht. Zu schnell drängen täglich neue Quasselstrippen auf den Markt. Eins lässt sich schon festhalten: Sie sind umgangssprachlich gehalten, meist schneller gesprochen als TV-Beiträge und in der Regel ungeschnitten.

Ich plädiere dafür, dass wir uns alle beim Schreiben an Podcasts orientieren. Denn sie haben kaum komplizierte Satzkonstruktionen, kommen mit wenigen Fremdwörtern und ohne Substantiv-Monster aus. Für mich sind sie die Blaupause, an der sich jeder Schreiber orientieren muss. Formuliert es immer so, als würdet Ihr es einem Freund oder einer Freundin erzählen – oder aber im Podcast.

Direkter geht's nicht

Als Podcaster sprecht Ihr direkt mit Eurem Publikum. Das bedeutet: Seid Ihr selbst! Verstellt Euch nicht, was Dialekt und Tempo angeht! Die Leute sollen Euch zwar verstehen. Aber sie kommen vor allem, weil sie Euch sprechen hören wollen – mit allen Eigenheiten.

Worauf Ihr achten solltet:

- Variiert die Stimmlage. Monoton rumbrummeln reicht nicht. Die Stimme darf gern am Ende einer Frage nach oben und bei wichtigen Sätzen laut werden.
- Sprecht in Eurem Tempo, nicht künstlich langsam. Podcasts sind echte Sprache, kein abgelesener Text.
- Bleibt bei einer Ansprache: **Du** oder **Ihr** oder **Sie**, falls es bei Euch formeller zugeht.
- Benutzt keine abschwächenden Worte wie „vielleicht", „man", „möglicherweise", „eigentlich". Ihr macht den Podcast, weil Ihr Eure Sicht der Dinge darlegen wollt.
- Benutzt viele Verben.
- Zeigt Humor und Haltung.
- Sprecht Euren Podcast selbst. Ich habe mal einen meiner Texte von einer wirklich guten Podcasterin lesen lassen. Das war enttäuschend, denn es war, naja, eben nicht ich. Authentisch muss es sein. Die deutsche Synchronstimme von Leonardo di Caprio hilft Euch nicht, wenn ihr Eure eigene Meinung ausdrückt. Eure Stimme ist eine Marke.

Aber wie baue ich das Ganze überhaupt auf?

Kann ich nicht einfach drauflosquatschen?

Nein. Denn Ihr wollt ja regelmäßig senden, und dafür braucht Ihr eine gewisse Formatierung, also wiederkehrende Elemente mit Wiedererkennungswert.

Ein paar Tipps:

Der Name: Darf und muss prägnant sein und soll etwas über die Macher und den Inhalt verraten.

Der Titel: Wie heißt die Folge? Oft ergibt sich der Folgentitel im Verlauf. Die Macher von „Gemischtes Hack" legen das irgendwann im Laufe der Stunde fest. Hier liegt der größte Unterschied zu vielen anderen Medien: Der Folgentitel folgt nicht einer Kernthese, fasst die Sendung nicht zusammen, ja, erzählt oft gar keine eigene Geschichte. Aber hier ist etwas Interessantes passiert: Aus random Ausdrücken wird ein prägnanter Begriff, den die Fans besser zuordnen können als zum Beispiel #Folge74.

Der Einstieg: Wie fängt man einen Podcast an? Werbung? Musik? Titel? Und dann? Wie starten große Podcaster ihre Folgen? Da Podcasts gerne mal eine Stunde dauern, ist der Raum, auf dem die Wort-Handlung sich entspinnen muss, nicht so eng. Es darf also erstmal locker begrüßt und geplänkelt werden. Meist stellen sich der Macher und sein Sidekick gegenseitig vor, fangen dann mit einer Alltags-Anekdote oder ihrem tagesaktuellen Befinden an. Ein leichter Einstieg.

Viele Podcaster starten mit „Hallo und herzlich willlkommen zu einer neuen Ausgabe von..."

Das ist die safe-Nummer. Es geht sicher noch ein bisschen kreativer. „Gemischtes Hack" startet zum Beispiel mit Text-Zeilen aus Songs.

Viele Podcaster haben ein Musik-Intro. Die Begrüßung kommt dann direkt im Anschluss. Und wie sieht die aus?

TIPPS FÜR DIE BEGRÜBUNG:

- ✈ Nennt den Namen des Podcasts.
- ✈ Nennt Euren Namen.
- ✈ Sagt, worum es im Podcast geht.
- ✈ Sagt, wo und um welche Uhrzeit Ihr aufzeichnet und erzählt gern etwas über die Umstände.
- ✈ Stellt Euren Sidekick und eventuell den Gast vor.
- ✈ Umreißt kurz den Inhalt der aktuellen Episode.
- ✈ Gebt der Episode einen Titel.

Das Gerüst/die Formatierung. Auch Podcaster wissen mal nicht, wie sie die Zeit füllen oder die Kurve zum nächsten Thema kriegen sollen. Hierfür haben sich fast alle ein Fragengerüst zurechtgelegt. Damit schaffen sie Wiedererkennungswert, locken den Gesprächspartner aus der Reserve und überbrücken Gesprächspausen. Ob es eine Leitfrage oder 3-5 Fragen sind, bleibt jedem selbst überlassen. Aber ohne einen Zettel mit ein paar Notfall-Ideen geht kein Podcaster ins Studio.

Die Spannung: Wie ziehe ich die Leute rein? Bei Böhmermann und Schulz zieht natürlich schon mal der Name, zu Beginn besprechen die beiden aber auch oft ihre Stimmung, das zieht rein. Kleinere müssen sich oft wirklich überlegen, wie die Leute in die Stunde hineingesogen werden. Abgesehen von eingefleischten Fans sollen ja auch viele neue Leute die Folgen hören. Und hier muss mehr passieren als „zwei Menschen sitzen mit einem Gläschen am Mikro und plaudern". Teasert am Anfang auf etwas Spannendes hin, was weiter hinten passiert. Macht den Leuten Lust, dranzubleiben.

Der Sidekick: Mit wem rede ich – und wie? Viele Podcaster haben einen Counterpart, ein Gegenstück. Gerne gibt es das Gespann „Promi und sein Gegenüber". Dieser Gegenüber hat in der Regel weniger Promi-Status und weniger Redeanteil. Manchmal läuft er oder sie in Sachen Sprachwitz und Beliebtheit seinem „Chef" allerdings den Rang ab. Charlotte Roche war – wie man ihren Instagram-Kommentaren entnehmen kann – überwältigt von der positiven Reaktion auf ihren Ehemann Martin „Marty" Keß, den sie nach etlichen Wochen Geheimhaltung erst ihren Fans zeigte. Mittlerweile hat der Gute eine eigene Fangemeinde: Vom Podcast zur 360-Grad-Vermarktung, vom Sidekick zum Selbstläufer – hier hat's geklappt.

Der Höhepunkt – noch jemand da? Auch die größten Podcasts schwächeln mal, und zwar dann, wenn die Folge kein wirkliches Highlight hat. 40 Minuten Geplänkel tun sich die Fans nur an, wenn das Ganze auf einen Höhepunkt zusteuert und die ganze Zeit die Frage im Raum steht „und was war denn nun mit XY?" Fehlt dieser Klimax, fühlen sich viele um ihre Zeit betrogen und schalten aus. Viele Folgen habe ich schon aufgrund ihrer fehlenden Dramaturgie ausgemacht. Die ganze Zeit denkst Du, es geht jetzt ans Eingemachte, und dann – Enttäuschung. Von Serien, Filmen und Reportagen sind wir darauf trainiert, dass sich Profis mit einer Dramaturgie ans Werk machen, dass sie uns sicher durch eine gekonnt aufgebaute Geschichte führen. Oft merken wir auf halber Strecke, dass da womöglich gar nichts mehr kommt, wofür es sich dranzubleiben lohnt. Da hilft auch ein großer Name nichts. Also:

JEDER PODCAST 👍
BRAUCHT EINE STORY
MIT ANFANG, HIGHLIGHT UND ENDE.

Teaser: Die Folge ist fertig und kann on gehen. Aber wer erfährt davon, und wie? Hier helfen Instagram und Co. Aber WAS erzähle ich in der Kurzversion? Wie fasse ich in einer Caption und wenigen Hashtags eine Stunde Gespräch zusammen? Ihr könnt den Check machen, in dem Ihr anderen erklärt, worum die Folge geht. Was sind die wichtigsten Themen, was das Highlight?

Viele Podcaster matschen hier Schlagworte zusammen, die nicht wirklich Lust aufs Hören machen. Beispiel: „In dieser Folge: Lagerfeuerromantik, ein verlorener Schuh und ganz viel Gefühl". Das **Drei-Schlagwort-Prinzip** vieler Teaser ist zwar richtig gedacht. Aber diese drei sollten eine Geschichte erzählen, eine Steigerung haben und zueinander in Verbindung stehen.

Der Selbsterzähler-Podcast ist ein Sonderfall: Er bietet keinen Dialog, sondern 10-60 Minuten Lebenshilfe, Entertainment oder Grusel. Hier sprechen die Akteure einen vorher geschriebenen Text ein. Sprachlich darf es ein bisschen erklärender sein, nicht ganz so umgangssprachlich. Dennoch sind die Sätze meist kurz und mit klarer Botschaft. Diese Podcasts bieten kein Geplauder, sondern eine Message, Hilfe. Ihr führt die Follower an der Hand: Von einem starken Anfang mit einer guten Headline schlagt Ihr einen drama-turgischen Bogen, erreicht einen Höhepunkt und findet einen Abschluss, der etwas mit den Leuten macht. Ohne Sidekick tragt Ihr die ganze Last. Wer Euch hört, will nicht nur Geplauder, sondern Hilfe. Gut ist auch, wenn der Name Programm ist wie beim Podcast von Moderator Daniel Aminati: „Make The Change"– unter dieses Motto passen auch alle Einzelfolgen. Von Daniel hören wir später noch.

Aber erst lassen wir noch einen anderen Experten zu Wort kommen: Alexander Arndt vermarktet Podcaster und weiß, wie wichtig Text in diesem sozialen Medium ist.

INTERVIEW MIT **ALEXANDER ARNDT**, EHEMALS STUDIO 71, LEITET DAS PARTNERMANAGEMENT DES START-UPS JULEP IN BERLIN, DAS PODCASTS VERMARKTET:

Alex – was macht einen guten Podcast aus?

An erster Stelle natürlich die gute alte Regel: Unterhaltung oder Information, im besten Falle beides. Allerdings ist der größte Teil der Podcast-Landschaft kein Massenmedium, wie Radio oder Fernsehen, sondern eher vergleichbar mit dem Markt der Fachzeitschriften. Also muss ein Podcast in den meisten Fällen auch meine ganz speziellen Interessen und Vorlieben ansprechen. Ein guter Podcaster weiß ganz genau, was seine Hörer suchen, was ihnen fehlt. Diesen Mangel muss er so gut wie möglich bedienen. Wenn ich ein guter Podcaster werden will, sollte ich mich also fragen: Was kann ich besonders gut? Was sind meine großen Leidenschaften? Was kann ich dem Zuhörer bieten, das ihm fehlt?

Warum sind Podcasts wie „Gemischtes Hack" so erfolgreich?

Es gibt in meinen Augen vor allem zwei Wege zum Erfolg – Suchvolumen (Mangel) oder Personality. Das Thema Suchvolumen, habe ich ja oben schon angesprochen. Ein Beispiel sind hier die vielen Podcasts zum Thema Persönlichkeitsentwicklung. Wer so einen Trend früh entdeckt und gute Inhalte anbieten, kann sich langfristig in den Toplisten platzieren. Ein zweiter Weg führt über die Personality und da sind wir bei Podcasts wie „Gemischtes Hack" oder „Fest und Flauschig". Das sind Entertainer, die auch in anderen Medien oder auf der Bühne gut funktionieren. Die bilden die Decke der wirklich reichweitenstarken Podcasts, die doch eine große Masse ansprechen und sich keiner Nische zuordnen lassen.

Was zeichnet diese Podcasts vor allem sprachlich aus?

Wenn wir beim Beispiel „Fest und Flauschig" bleiben, die sind einfach authentisch. Wenn man ihnen zuhört, hat man das Gefühl, man sitzt mit zwei Freunden in der Kneipe und hört ihnen beim Erzählen zu. „Conversational Touch" beschreibt es ganz gut.

Wie unterscheidet sich die Sprache von Podcasts von anderen Social Media-Formen wie z.B. Twitter?

In meinen Augen sind wir beim Podcast irgendwo zwischen den klassischen Medien und Social Media. Die meisten Formate in den klassischen Medien sind von der Sprache komplett geschrieben und redigiert. Viele Tweets sind einfach nur schnell „dahingepostet." Podcast ist irgendwo in der Mitte, weder komplett vorgeschrieben noch einfach mal schnell dahingepostet. Das gilt zumindest für den größten Teil der breiten Podcasts-Landschaft. Mittlerweile gibt es auch einen High-End Bereich, der sicher komplett getextet und durchproduziert ist (gutes aktuelles Beispiel „Faking Hitler"). Aber das trifft sicher nicht auf die breite Masse zu. Bei den meisten Podcasts stehen Thema und grobe Gliederung fest. Der Rest entsteht dann frei. Das macht es ja oft so charmant. Was auf der sprachlichen Ebene auffällt: Bei den meisten Podcasts bleibt die Sprache sehr authentisch. Das macht es so charmant: Ich höre zwei Freunden in der Kneipe zu.

Es ist eine weit verbreitete Annahme, dass Podcaster NICHT texten müssen – richtig oder falsch?

Schwierig, die wenigsten Podcaster sind professionelle Sprecher. In dem Moment, in dem du komplett textest, tendierst du dazu abzulesen. Und das hört sich dann meistens nicht gut an. Ich würde eher empfehlen, die Storyline aufzuschreiben – wie steige ich ein, wo will ich hin, was ist mein roter Faden, würde aber davon absehen, alles auszutexten. Das würde ich nur bei professionellen Fiction-Produktionen empfehlen.

Welche Fehler beobachtest Du am häufigsten bei Podcast-Texten?

Da die wenigsten Podcaster komplett texten – eher weniger. Ich finde, was schnell auffällt ist, wenn sich jemand überhaupt nicht vorbereitet hat, sondern einfach nur den Aufnahme-Knopf drückt.

Da sind wir wieder bei der vorherigen Frage – die Storyline muss stimmen.

Die Ära der Podcasts hat gerade erst begonnen – wohin geht der Trend sprachlich und inhaltlich?

Zum einen gibt es immer mehr große Produktionen, die aufwändig produziert sind, mit professionellen Sprechern und geschriebenem Drehbuch etc. Zum anderen entstehen immer mehr private, kleinere Podcasts. Hier ist die große Chance, durch Authentizität und eine lockere Art der Konversation der ganzen perfekten Insta-Blase entgegenzuwirken. Hier muss sich niemand verstellen. Hier kann jeder sein, wie er ist.

Wie können gute Podcast-Texte bei der Vermarktung helfen?

Der Markt wächst, das Angebot auch. Das heißt: Auf die Dauer wird hohe Produktionsqualität zum Maßstab werden und damit natürlich auch ein guter Text – oder zumindest eine stimmige Storyline. Der Vermarkter will sein Produkt meistens in einem gut produzierten Podcast sehen.

Oft tun sich Podcaster schwer, einen Titel für ihre Folge zu finden oder die in einem Teaser kurz zusammenzufassen. Was ist hier hilfreich?

Hier sind wir im Bereich SEO. Wenn ihr einen neuen Podcast startet, wie wird den jemand finden?

- Entweder scrollt er auf einer der Plattformen zufällig drüber, in diesem Fall sieht er was? Vorschaubild, Titel und die ersten zwei, drei Zeilen des Beschreibungstextes. Und genau da muss es knallen, da muss ich alles reinpacken, womit ich einen zufälligen „Drüberscroller" ansprechen könnte. Schaut euch die Bildzeitung an, eine Schlagzeile, ein Bild, mehr sehe ich am Kiosk nicht. Also muss ich damit aus der Masse herausstechen.

- Oder aber er gibt in die Suche einen bestimmten Begriff ein, mit dem auch dein Podcast zu tun hat. Für diesen Fall muss ich in den Titel und den Beschreibungstext Dinge packen, nach denen Leute, für die mein Podcast interessant ist, suchen könnten.

Idealerweise enthält mein Titel und die ersten zwei, drei Sätze in der Episoden-Beschreibung genau diese beiden Dinge – die wichtigsten Schlagworte, so aufbereitet, dass sie aus der Masse herausstechen.

Podcast ist Langstrecken-Texten, wie bekommt man es sprachlich kürzer und knackiger?

Auch wenn es kein klassisches Texten ist, am Ende sollte der Podcast immer nur so lang sein, wie du brauchst, um deine Geschichte spannend zu erzählen. Und da tun sich viele schwer. Es gibt zwei Möglichkeiten – entweder musst du hinterher eine Menge rausschneiden oder du machst dir von Anfang an Gedanken, was du erzählen willst und was nicht. Da sind wir wieder beim Stichwort Storyline bzw. roter Faden.

Was genau macht Julep?

Julep bietet einen Full Service für alle Podcaster – von der Produktion über die Distribution bis hin zur Vermarktung und Monetarisierung von Podcasts.

Nach welchen Kriterien sucht Ihr Eure Podcaster aus? Wie wichtig ist die Vermarktbarkeit der Person – und wie wichtig sind die Texte selbst?

Natürlich ist die Vermarktbarkeit wichtig und gute Texte sind ein wichtiger Teil davon.

Inwiefern helfen Auflockerungs-Elemente wie Musik oder ein Sidekick/Gast im Podcast?

Das Audio-Design wird zunehmend wichtiger, um sich von der Masse abzuheben, dazu zählen Musik, aber auch Soundeffekte, Jingles, etc. Einen Sidekick kann extrem dabei helfen, den Podcast interessant und kurzweilig zu halten. Zu zweit kann man sich wesentlich einfacher die Bälle zuspielen, Themen diskutieren oder Meinungen austauschen. Alleine muss ich mir vorher viel mehr Gedanken machen, was genau ich erzählen will, sonst bleibe ich schnell hängen.

Mittlerweile planen ja viele ihren eigenen Podcast. Könntest Du drei goldene Regeln für den Inhalt und drei goldene Regeln für den Text formulieren?

- ◁ Such Dir ein Thema, das Du liebst oder in dem Du Experte bist.
- ◁ Bleib authentisch.
- ◁ Und hab vor allem Spaß am Podcasten ;)

In Deutschland gibt es schätzungsweise 300 000 aktive Blogs – und es werden immer mehr. Warum? Es wird technisch immer einfacher, einen eigenen Blog auf die Beine zu stellen. Das Netz ist voll von Seiten, die Hilfestellung geben. Zum zweiten ist ein Blog wie ein Baby: Er ist zeitintensiv und braucht Pflege, bietet aber auch eine Möglichkeit, die eigene Welt in Wort und Bild auszuschmücken – und sogar irgendwann zu monetarisieren. **Erfolgreiche Blogger können davon leben.** Für viele andere ist es ein schönes Hobby.

Während meiner Recherchen stieß ich auf liebevolle Food- und hochprofessionelle Travel-Seiten, traf Leute mit spannenden Special Interest-Blogs: Einen Reizdarmblog, einen Mathenachhilfe-Blog, einen Bergsteigen-mit-Kindern-Blog. Die Auswahl ist gigantisch.

Auffallend ist aber auch: Die meisten Blogger achten auf Layout und Grafik, auf Fotos. Aber die wenigsten machen sich beim Text Mühe.

Es gibt zu wenig originelle Überschriften, zu viele abgenudelte Headlines, zu viel vorhersehbare List-Posts à la „7 Tipps, wie Du Suppen einfrierst/alte Jeans recycelst/den perfekten Koffer packst/Schluss machst".

Auf den folgenden Seiten erkläre ich, wie Ihr Blogtexte schreibt, an denen nicht nur Foto-Gucker, sondern auch Leser hängenbleiben. Achtung, einige dieser Tipps findet Ihr auch bei der Erklärung zu anderen Plattformen. Aber es sind auch immer dieselben Basis-Zutaten, die einen Kuchen lecker machen. Also, pfeift's Euch wieder und wieder rein.

1) **Findet eine gute Überschrift.**
   Ich schreibe sie gern zum Schluss, wenn ich ein Gefühl dafür habe, welche Worte den Artikel perfekt zusammenfassen. Oft fällt mir hinterher noch ein gutes Wortspiel ein. Die Überschrift entscheidet, ob der Leser einsteigt oder nicht. Darum hat sie in diesem Buch auch ein eigenes Kapitel.

2) Genauso wichtig: Ein Teaser.
Jeder Blogger wird seinen Text auf anderen Kanälen wie Instagram oder Facebook bewerben. Hier gilt es, in wenigen Zeilen das Wichtigste – und gerade so viel zu sagen, dass die Leute Lust aufs Lesen bekommen. Auch hierzu findet Ihr ein Kapitel.

3) Schreibt Blog-Texte, wie Ihr sprecht.
Stellt Euch vor, ihr erzählt es Freunden. Welche Sprache würdet Ihr wählen? Doch sicher kein Schriftdeutsch. Denkt immer dran: Das hier ist kein Brief ans Finanzamt. Das ist ein Artikel, den die Leute lieben sollen.

4) Schreibt kurze Sätze ohne Schachtelkonstruktionen.

5) Nutzt Euer Ziel-Keyword im Inhalt und im Titel.
So freut sich die Google-Maschine und listet Euch besser.

6) Veröffentlicht regelmäßig.
Die Leute wollen wissen, wann sie wieder Content erwarten können. Es muss nicht täglich oder jede Woche sein. Aber der Faden sollte nie abreißen. Leser schauen zwei-dreimal vorbei. Wenn sie dann nichts Neues finden, sind sie weg.

7) Der perfekte Blogtext sollte nicht zu kurz sein.
3000 Zeichen ranken am besten.

8) Recherchiert!
Belegt mindestens zwei Fakten mit Zahlen oder Studien. Sofort wirkt das Ganze schon viel seriöser.

9) Verwendet Zitate und Interviews.

10) Haltet das Gesamtbild übersichtlich.
Nutzt Überschriften und Absätze.

11) Wenn Ihr nicht in den Flow kommt, macht Pause oder befasst Euch mit etwas Profanem wie Schriftgröße, Überschrift oder Fotos.

12) Nutzt Euer Fenster: Jeder von uns hat ein gutes Konzentrations-Fenster.
Bei mir ist es der Vormittag. zwei Stunden hier sind so produktiv wie ein ganzer Abend.

13) Nutzt die beste Zeit für Veröffentlichungen.
80 % der erfolgreichsten Posts werden am Wochenende veröffentlicht. Checkt bei Eurem Bloghost mit einem Analysetool, wann die Leute Eure Beiträge am ehesten lesen. Dieses Zeitfenster solltet Ihr einhalten.

14) Nehmt eine Haltung ein.
Damit sorgt Ihr für Reaktionen und Traffic.

15) Macht Rankings.

Die Leute lieben Posts, die den Sachverhalt für sie einordnen. Das Leben ist schon unordentlich genug. Baut Spannung auf und serviert einen wirklich guten Spitzenplatz.

16) Rechtschreibfehler gehen nicht.

Lest den Text noch einmal und korrigiert Fehler. Gebt ihn einem Freund oder einer Freundin zum Gegenlesen.

17) Macht Werbung für Euren Artikel.

Mit dem Posten ist es nicht getan. Zieht die Leute mit guten Hashtags, Instastories und Fragen in den Bann.

18) Wenn Ihr Werbung für Firmen macht, kennzeichnet das deutlich.

Achtet im Text darauf, dass Ihr nicht die PR-Sprache aus der Homepage übernehmt

19) Überrascht.

Dass man im Frühling Reiseziele für den Sommer sucht, ist vorhersehbar. Baut einen Twist ein, mit dem keiner gerechnet hat. Warum nicht: „Vergesst Ibiza! Warum ich den Hotspot mittlerweile hasse…"

DIE HEADLINE –
DIE HALBE MIETE

„Gott macht Home Office" – diese Headline für einen neuen Blogpost kam mir neulich beim Laufen inmitten der Corona-Krise. So richtig wusste ich gar nicht, welchen Artikel ich darunterschreiben wollte. Aber es knallt, das müsste Ihr zugeben, oder? Meine eigenen Headlines finde ich oft – wie hier – unabhängig vom Artikel. Sie sind das Erste, was steht. Meistens aber schreibe ich am Ende mehrere aus dem Bauch heraus. Mein Gefühl sagt mir dann, was die Geschichte am treffendsten, überraschendsten zusammenfasst. Selten habe ich mir Gedanken darüber gemacht, welche Headline für Traffic sorgt oder, ob ein Key Word darin ist. Die Pointe war mir wichtiger. Mittlerweile weiß ich: Wenn man ein paar Handwerksregeln beachtet und seinem Bauchgefühl folgt, zahlt sich das aus: Authenticity sells!

Klar ist: Eine gute Headline ist das Tor in Eure Welt und ein Turbo für Euren Traffic.

Die Headline macht den Betrachter zum Besucher. Die Überschrift ist oft der erste Kontakt, mit Dir und Deinem Produkt. Sie muss sitzen wie das perfekte Sommerkleid. Beispiele für historisch gute Headlines: „Wir sind Papst", (BILD über Benedikt), „Horst WER?" (BILD über den frisch gewählten Bundespräsidenten Horst Köhler) oder „Alles muss raus" (SZ über eine Tour der alternden Pop-Diva Madonna).

Kann man Headline-Erfolg messen?

Ja! Das Unternehmen Hubspot Inc. hat zusammen mit Outbrain über 3,3 Millionen Headlines analysiert und dabei auf die **Durchklickrate (CTR)** geschaut – und auf Engagement und Conversions.

Die Verwendung gewisser Worte sorgt anscheinend für Klicks. Hier die **CTR-Booster**:

- ◄ Das Wort „Foto" zusammen mit „die, der". Wie in: „Erstaunliche Fotos von Leuten, die keinen Sinn für Mode haben".
- ◄ Die Verwendung der Worte „unglaublich" und / oder „Foto" in der Headline.
- ◄ In der Headline verwendete, genauere Bestimmungen des Contents. Das sind dann Eure Key Words, zum Beispiel: „Die stylischsten Reise-Outfits für den Flieger".

Viele Worte gelten dagegen als **CTR-Bremsen**.

◁ Die Worte „leicht", „Wie man", „Kredit", „Heilung", „magisch", „kostenlos", „einfach", „Tipp", „Trick", „erstaunlich" und „Geheimnis". Auch positive Superlative wie „beste" scheinen eher windig und unseriös zu wirken.

Ihr wollt verkaufen, Likes oder Kommentare kassieren? Dann solltet ihr diese Killer- und Booster-Wörter im Hinterkopf haben. Fragt Euch selbst auch, welche Worte Euch in einen Artikel reinziehen – und welche Ihr eher abschreckend findet. Auch hier gibt es Trends. Was gerade gut funktioniert, muss schon nächstes Jahr nicht mehr so sein.

Wie schreibt Ihr eine gute Headline?

1) Wortspiele

Was für Kenner. Ihr verändert bekannte Begriffe. Beispiel: „Die Sonderbrotschafter", „Die Reiskönigin". Ich liebe auch Alliterationen, aktuelles Beispiel aus meinem Blog: „Wir sollten uns auch fragen, ob jeder Bowlingclub aus Bottrop auf Bali am Beach bechern muss."

2) Ihr holt einen **Star** in die Headline

„XY hat 140 Tage Geiselhaft überlebt – jetzt spricht er mit mir."

3) Kontrast

„Er liebt **sie** – **sie** will ihn loswerden."

4) Zahlen

„5 Wege, der Schwiegermutter die Stirn zu bieten – ohne Stress mit dem Liebsten zu riskieren."

5) Fragen machen neugierig

„Fliegt Ihr noch mit gutem Gewissen?"

6) Überraschung

„Muss ich Meghan und Harry wirklich toll finden?"

7) Ehrlichkeit

Geht mir weg mit Selbstoptimierung! Warum ich meine Mittagspause immer mit Schokoriegeln und Faulenzen verbringe.

8) Curiosity-Gap

Okay, das ist Marketing-Deutsch. Es bedeutet schlicht: Neugier. Die Leser bleiben hängen, wenn sie hintenraus noch einen Mehrwert, eine überraschende Wendung, eine Pointe vermuten. Allerdings: Wer diese Tür aufmacht, sollte sie auch schließen: „5 Sommerteile, die Sie jetzt brauchen – und, welche Ausgabe Sie sich getrost sparen können" ist eine nette Headline. Das Versprechen muss aber eingelöst werden, sonst gibt's eine Produkt-Enttäuschung – und die Leute sind weg.

9. Lieber schlecht als gut

In einer Studie von Outbrain wurde festgestellt, dass negative Superlative („Niemals"
oder „Schlechteste") in Headlines eine bis zu 63% höhere CTR haben als positive
(„Immer" oder „Beste").

10. Wie Ihr …

„How to" ist auch eine gute Möglichkeit, die Leute direkt reinzuziehen. Allerdings
muss jetzt ziemlich schnell ein konkretes Versprechen kommen. „Wie Du aus Deiner
alten Lederjacke ein It-Piece machst".

11. Magische Worte

Ich springe immer auf Worte wie Glück, Kraft, Gelassenheit, Liebe an. Jeder hat
andere Trigger, aber auf diese hier können sich fast alle Menschen weltweit einigen,
bei jedem lösen sie positive Gefühle aus. Auch sinnliche Wörter lösen bei den meisten
Leuten ein diffuses Wohlgefühl aus.

ZWISCHEN-
ÜBERSCHRIFTEN

Zwischenüberschriften lockern den Text auf und geben Struktur. Außerdem wollen die Leser erstmal alles abscannen. Zwischenüberschriften sind Augen-Inseln. Deshalb sollte jede einzelne von ihnen sitzen. Im Idealfall verstehen die Leute den Text, indem sie nur die Zwischen-Überschriften überfliegen.

Baut Module: Schon bevor Ihr schreibt, solltet Ihr Euren Text gedanklich als Gerüst bauen. Und genau so setzt Ihr auch die Zwischenüberschriften. Fragt Euch selbst: Hat dieser Absatz wirklich diese Aussage? Oder habe ich mich verzettelt?

Manche Leser*innen entscheiden erst nach dem Blick auf alle Zwischenüberschriften, ob sich das Lesen lohnt. Andere steigen gezielt bei einer Zwischenüberschrift ein und lassen sich treiben.

Was ist der Unterschied zur Headline? Zwischenüberschriften beziehen sich nur auf einen **Textabschnitt,** nicht aufs Ganze.

TIPPS FÜR ZWISCHEN-ÜBERSCHRIFTEN:

- Bringt **Wortspiele und gute, kurze Zitate**. Zwischenüberschriften erlauben mehr Freiheit.
- Bringt ein **System** rein: Lasst sie alle mit Verben beginnen oder mit einer Frage. Ordnet sie chronologisch mit Uhrzeiten oder unterteilt in Charaktere.
- **Kernthese**! Alle Zwischenüberschriften müssen thematisch unter das Dach Eurer Headline passen.
- **Suchmaschinenoptimierung**: Bringt Euer Keyword auch in einer Zwischenüberschrift. Gebt jedem Absatz (außer dem ersten) eine Zwischenüberschrift. Sie sollte auf den nächsten Absatz teasen und Lust aufs Lesen machen.
- **Keine Spoiler**. Ihr dürft nur andeuten.
- Bringt die **beiden besten zuerst**.

- Nutzt **Alliterationen**. Beispiel: Eine zackige Zwischenüberschrift für Zicken.
- Schreibt **kurze Textblöcke** am Anfang.
- Vorsicht mit **Farben**: Nur Schwarz und dunkelgrau verwenden.
- Lasst genug Weiß: Der **Whitespace** ist ein magischer Begriff unter Bloggern. Dass weiße, nicht beschriftete Flächen eigene Hipster-Namen bekommen, mag erstmal seltsam klingen. Sie bieten dem Auge aber Ruhe. Die Seite wirkt übersichtlich. Und: Eure Fotos wirken besser.
- Auch schön für eine Zwischenüberschrift: Das **Initial**, also der erste Buchstabe in XXL.

Was nicht passieren darf:

1) **Allgemeinplätze** wie **Hintergrund** oder **Fazit**. Mit solch nichtssagenden Ausdrücken vertreibt ihr alle User. Werdet konkret!

2) Reine **Zusammenfassungen**. Die Zwischenüberschrift ist der Schluck Wein zwischen den Bissen. Er soll nicht sattmachen.

3) **Zu lange Zwischenüberschriften** sind echte Killer.

4) **Schrift-Chaos**: Verwirrt die Leser nicht mit zu viel **Grafik-Firlefanz.** Wählt eine Schriftgröße für die Überschriften und eine für den Text. Hier liegt der größte Fehler vieler Blogger: Ihre Seiten strotzen vor Farben, Schriften, Fotos. Bringt Ruhe und Übersichtlichkeit rein.

Zwischenüberschriften sind zwar nicht derselbe Hingucker wie die große Headline. Sie können aber dafür sorgen, dass die Leute bis zum Ende dranbleiben.

TEASER

Ihr habt Euren Post fertig – und jetzt raus damit. Dann noch kurz auf Facebook und Insta ankündigen – geschafft.

Fast, denn WIE Ihr Euren neuen Artikel bewerbt, ist wichtig. Und das geht mit einem Teaser – einem Vorspann. Er ist das große Verkaufsschild auf Eurem Text, die Werbetafel.

Vom TV kennen wir die Teaser als lästige Pflichtübung. Der Beitrag ist sendefertig. Jetzt noch schnell 12 Sekunden, die Lust aufs Gucken machen sollen.

Aber ein Teaser ist der Elfmeter unter den Texten: In aller Kürze soll er Lust aufs Lesen machen, Spannung erzeugen, Neugier wecken, eine Rampe bauen. Der Teaser wird auch Cliffhanger genannt. Ihr setzt ihn ein, um auf einer anderen Plattform für Euren Content zu werben. Auch mündlich als Insta-Story ist er gut.

ES SIND NUR **WENIGE ZEILEN**, ABER HIER **LOHNT** SICH JEDE **INVESTIERTE MINUTE**. 👍

Die Best Practice aus dem Fernsehen könnt Ihr 1:1 auf Social Media übertragen:

- Haltet den Teaser **kurz**. Am besten 12 Sekunden, das sind zwei bis drei Zeilen.
- Beantwortet so viele **W-Fragen** wie möglich, ohne krampfig zu klingen.
- **Haltung**: Jeder kann wissen, wie Ihr denkt.
- **Aktiv statt Passiv**.
- **Wenig Substantive**. Verben sind immer besser.
- **Präsens**.
- **Keywords einbauen**.
- Schreibt kurze und prägnante Sätze. **Kein Blabla**.
- Eine **Dreier-Aufzählung** hat sich bewährt. Beispiel:
  „Klartext nach dem Date-Fail – Warum Männer abtauchen, welche Männer besonders anfällig sind, und – was sie wirklich abtörnt....“
- **Seid ehrlich**: „Warum unser Interview mit Mark Forster total in die Hose ging...“
- **Zitat**: „Wir müssen mehr Ansteckungen zulassen!“, sagt ein Klinikchef in der Corona-Krise. Ein aufrüttelndes Statement, das nach „Wie bitte?“ schreit.
- **Überrascht**: „Meine Freundin sagt Ja – jetzt muss ich Nein sagen: 3 sichere Wege, um sich vor der Trauzeugenrolle zu drücken, ohne Deine Freundin zu verlieren“ oder „5 Arten, ihn loszuwerden – und es sind nicht die, die Du denkst.“
- **Fragen**: „Ist Ihre Rechtsschutzversicherung auch zu teuer?“. Eine Frage zielt sofort auf das Bedürfnis der Leser. Ist das ihr Problem, habt Ihr sie sofort an der Angel. Ihr könnt die Frage auch breiter fassen, um nicht sofort alle anderen zu verprellen: „Kassensturz – brechen Euch die Versicherungen im Januar auch das Genick? Das muss nicht sein...“

INTERVIEW MIT LIFESTYLE-BLOGGERIN
JEANNETTE GRAF,
MODISCHES MULTITALENT AUS MÜNCHEN

@ jeannys-blog.de

Die 44-Jährige gründete den Blog „Jeanny`s Blog" aus Spaß an Mode, aber auch um ihr Leben als Model, Mode-Stylistin, freie Redakteurin und Designerin zu dokumentieren. Ihre Erfahrung in Sachen Mode reicht fünfzehn Jahre zurück: Sie war viele Jahre Führungskraft und Vertriebsleitung sowie Filialleitung verschiedener Luxus-Labels. Als Model wird sie oft von namhaften Firmen gebucht und als Stylistin setzt Jeannette Models und Promis für TV-Spots, Werbekampagnen oder Events in Szene.

Jeanny ist seit einiger Zeit auch auf Instagram sehr aktiv und erfolgreich. Als Influencer begeistert sie Tausende ihre Follower mit kreativen Stories, sie gilt als eine der einflussreichsten Mode-Influencerinnen Münchens. Ihren Followern gibt sie täglich Tipps zu Lifestyle-, Beauty- und Mode-Themen.

Wie wichtig ist Text für eine Fashion/Lifestyle-Bloggerin?

Leider ist der Text unter einem veröffentlichten Bild auf Instagram unwichtig.

Das merke ich an ca. 60% der Kommentare unter dem Bild. Sie haben mit dem Content rein gar nichts zu tun, es wird hauptsächlich auf das Bild selbst, also den Look, das Makeup eingegangen.

Mir ist aber mein Content extrem wichtig, weil ich viel zu erzählen habe, deswegen packe ich alle Infos in meine Stories. Hier erreiche ich die meisten Zuschauer/Follower.

Wie unterscheidet sich der Text für Deinen Blog von dem auf Instagram?

Der Text ist viel ausführlicher, hat viele Verlinkungen. Er ist trotzdem nicht ausufernd. Ich benutze Bilder von meinem Instagram Account und füge neue hinzu, die meine Follower noch nicht kennen.

Wie schreibst Du? Spontan oder mit Vorbereitung?

Der Text ist spontan. Ich schreibe mir vorher Stichpunkte auf, um nichts zu vergessen.

Welche Rolle spielen Fachbegriffe – umschreibst Du die für Laien?

Ich möchte jeden erreichen, deswegen vermeide ich Fachbegriffe meistens. Kommen sie trotzdem vor, dann erkläre ich sie immer.

Was für eine Sprache verwendest du? Umgangssprache, Fachsprache?

Ich verwende ausschließlich meine eigene Sprache. Direkt, offen und einfach. Hier und da ein Fachbegriff, um meine Kompetenzen zu untermalen.

Was müssen alle Instagrammer, aber vor allem Fashion-Leute bei ihren Hashtags und Captions beachten?

Eine gute Mischung aus Hashtags mit über 1 Million Klicks, mit ca. 500 000 Aufrufen und Hashtags mit weniger Aufrufen, also bis ca. 100 000 Treffern. Benutzt man Hashtags, die kaum Aufrufe haben, bringt das gar nichts. Wählt man nur Hashtags mit über 1 Million Treffern, geht man mit seinem Bild in der Masse komplett unter.

Welche Hashtags bringen noch mehr Reichweite?

Ich konnte bei mir feststellen, dass vor allem Hashtags in meinen Stories mehr Reichweite bringen. Wenn ich einen Trend/ein Styling/ein Outfit zeige, dann gebe ich einen passenden Hashtag in jeder Story an. Beispiele: #styleinspo #styleoftheday #fashionista #trend2020.

Stichwort Storytelling: Wie wichtig ist es, mit jedem Post eine Geschichte zu erzählen?

Mir persönlich ist es schon sehr wichtig. Da die Posts aber meistens bezahlt sind und es um das Produkt geht, ist es schwierig mit tiefgründigem Content. Deswegen trenne ich das. Wenn ein Post bezahlt ist, bleibe ich bei dem Produkt. Wenn es ein persönlicher Post ist, dann liefere ich Content. In meinen Stories mache ich 50%Werbung und 50%Content mit Mehrwert für meine Follower.

Die Leute glauben, Sprache sei für eine Fashion-Bloggerin unwichtig, die Fotos reichen – was entgegnest du?

Ich kann nur für mich sprechen. Meiner Generation, den Frauen 30plus, 40plus, 50plus, reicht ein schönes Bild nicht aus, um eine Bloggerin als Vorbild zu sehen. Ein Bild ist nicht nachhaltig. Sobald das neue Bild online ist, ist das vorherige vergessen. Deswegen ist die Sprache, in meinem Fall in den Stories, meine tägliche Motivation und das, was meiner Generation wichtig ist. Sie wollen dazulernen und mich persönlich näher kennenlernen. Die Sprache im Video wird immer wichtiger werden. Bilder sind zu oberflächlich.

Gib mir ein paar NoGo-Wörter, oder Hashtags, zu oft gehört, zu abgedroschen, zu oldschool etc.

Ich blogge jetzt seit sieben Jahren. Ich schwöre, dass ich mir darüber noch nie ernsthaft Gedanken gemacht habe. Ich achte nicht auf andere Blogger und Influencer, ich kümmere mich um mich selbst. Welche Hashtags im Trend sind? Wahrscheinlich gehören „Content Creator" und „Luxurylifestye" dazu. NoGos gibt es nicht. Alles was hilft, ist erlaubt. Hier bin ich wahrscheinlich „oldschool".

Wer liest bei Dir Korrektur, oder machst du alles selbst?

Ich mache alles selbst. Es wäre wahrscheinlich besser, jemanden Korrektur lesen zu lassen.

Erst bei meinem letzten Blogpost hat mir eine Lehrerin geschrieben: „Jeanny, Sylvester schreibt man ohne Y. Also Silvester." Ich habe mich brav bedankt. So bin ich eben, nicht perfekt – es ist mir auch nicht peinlich.

Ich verplappere mich auch oft in meinen Stories und lasse es einfach drin, weil es mich zu viel Zeit kostet, es zu ändern. Jeder verspricht sich, so what. Das unterscheidet einen Influencer von einem Redakteur, denke ich. Es geht um Authentizität. Ich habe nicht gelernt zu schreiben. Ich bin ich, mit allen Facetten und Fehlern und meiner Gabe, die Menschen zu unterhalten und sie zu einem positiveren Leben zu motivieren.

Heute macht sich jeder nur Gedanken darum, perfekt zu sein, statt einfach glücklich mit sich selbst zu sein. Der perfekte Influencer, was ist das? Wer sich zu sehr damit beschäftigt, wird nicht erfolgreich werden als Instagrammer oder Blogger. Es gibt nichts, was es nicht gibt auf Instagram. Nur Dich gibt es einmalig. Das ist meine Message an alle, die mehr Reichweite möchten.

SEI DEIN EIGENER 😊 CHANNEL: SCHREIBEN FÜR YOUTUBE

Kommen wir zu einem sozialen Medium, das – ähnlich wie TV – Bewegtbild und TV zusammenführt: **YouTube**. Jeder zweite Deutsche nutzt die Videoplattform, im Schnitt 40 Minuten am Tag. Ihr wollt aber mit Eurem Content nicht im Video-Meer untergehen. Deshalb ist es wichtig, dass Bild und Text sitzen.

Hmm, Text, werdet Ihr Euch fragen: Wo gibt's denn den bei YouTube? Auch ich habe mich das lange gefragt und gelesen, geklickt und YouTuber-Vermarkter um Rat gebeten. YouTube ist eine Videoplattform, trotzdem steckt sie voller Möglichkeiten, gut zu schreiben:

- ✈ In den **ersten 15 Sekunden**, die knallen müssen.
  Denn die Aufmerksamkeitsspanne ist auch hier extrem kurz. Hierfür schreiben sich viele YouTuber ein Skript und legen zumindest den Einstieg textlich fest.

- ✈ Das **Skript**:
  Skizziert meist kurz den Aufbau Eures Videos und führt durch das Video. Eine allgemeine Gliederung macht Sinn, vor allem bei Erklärvideos.

- ✈ Der Text braucht **Timing**.
  Normalerweise spricht man etwa 100 Wörter die Minute (ich schaffe mehr). Ein 2-3 Minuten-Video sollte also 300-400 Worte haben, Profis rechnen mit einer Stunde Textschreiben für eine Minute Film. Natürlich gibt es auch YouTuber, die einfach drauflosquatschen. Aber ganz ohne Stichpunkte geht es auch hier nicht. Je kürzer der Text, desto besser muss er sein.

- ✈ Starker **Aufhänger**.
  Sagt gleich zu Beginn, warum Ihr dieses Video gemacht habt. Das obligatorische „Hallo, ihr Lieben" wird hoffentlich bald durch aussagekräftigere Einstiege abgelöst.

- ✈ **Keywords**:
  Eure Keywords sollten nicht zu allgemein, aber auch nicht zu nischig sein.

Tags:
Ihr könnt bei YouTube Videos mit Tags versehen – und damit Eure Chance erhöhen, gefunden zu werden. Empfohlen werden hier maximal zehn präzise Stichwörter.

Titel:
Der Titel ist das Erste, was die Leute sehen. Also: Hier muss Euer wichtigstes Key Word rein. Mehr als 100 Zeichen sollte der Titel, der hier die Stelle der Headline einnimmt, nicht haben. Nur dann wird er ganz in den Suchergebnissen angezeigt. Beispiel: „Schrankausmisten kann jede(r) – 5 Tipps fürs Klamotten-Detox." Warum ich hier die Headline erwähne? Weil der Titel genau denselben Regeln folgt. Die Headline muss neugierig machen und sofort sagen, was mich erwartet.

Beschreibungstext.
5000 Zeichen habt Ihr, um kurz zu umreißen, worum Euer Video geht. Aber nur die 120 sind sichtbar. Also: Kurz, knapp, auf die 12 texten.

Thumbnail:
auf dem Vorschaubild ist Platz für Worte und Schriften. Aber Vorsicht, zu viele Buchstaben und Emojis lassen das Bild schnell überladen wirken. Rechtschreibfehler sind hier absolut tabu.

Schluss.
Lasst das Video nicht einfach zu Ende plätschern oder brecht ab, weil die Pizza geliefert wird. Fasst noch einmal kurz zusammen, was der ganze Zauber sollte.

Untertitel.
Ein guter, von Euch verfasster Untertitel mit vielen Keywords sorgt dafür, dass eine größere Gruppe an Viewern Euer Video findet.

Kommunikation:
Kommentare und Likes lassen Euch im Ranking besser dastehen. Also haut immer auch einen Call to Action raus, fordert die User auf, ein Like dazulassen oder Euch zu abonnieren.

Ihr seht, es gibt eine Menge Möglichkeiten, guten Text auf einer Videoplattform unterzubringen.

Ich habe eine erfolgreiche YouTuberin nach ihren Sprach-Tipps gefragt und kurze, prägnante Antworten bekommen:

Die deutsche YouTuberin und Influencerin „LauraJoelle", die auf ihrem gleichnamigen Kanal hauptsächlich Beauty- und Lifestylevideos veröffentlicht.

INTERVIEW MIT YOUTUBERIN
LAURA JOELLE

Seit acht Jahren macht Laura Joelle für ihre Community – vor allem junge Mädchen – Videos über Beauty und Beziehungen.

 **@LauraJoelle auf YouTube**

Ihre neuen Videos veröffentlicht „LauraJoelle" immer Mittwochs und Sonntags – und hat schon fast 1,5 Millionen Abonnenten.

Laura, was ist der Vorteil von einem Script?

Man hat einen Leitfaden, an dem man sich orientieren kann. Es ist eine gute Hilfe, wenn man während eines Video-Drehs den roten Faden aus den Augen verliert.

Wie schreibst Du das?
Ich überlege mir eine Einleitung, Hauptteil und einen Schlussteil. Die jeweiligen Punkte zu den Abschnitten formuliere ich stichpunktartig.

Gibt es Schlüsselworte, die Deinen Sprachstil ausmachen?
Nein.

Gibt es Booster oder Killerworte?
Nein.

Wie gestaltest du Anfang und Ende sprachlich?
In Stichpunkten.

Wie würdest du deinen Sprachstil beschreiben?
Kurz und knapp, so dass alles übersichtlich bleibt.

Wie hat er sich vielleicht im Lauf der Zeit verändert?
Er ist professioneller geworden.

Wie wichtig ist Sprache/Text überhaupt für YouTuber?
Schon wichtig – an der Sprache erkennt man meiner Ansicht nach auch die Professionalität und die Erfahrung eines Youtubers.

Worauf muss man beim Erstellen eines Skripts besonders achten?
Auf den roten Faden innerhalb des Skriptes - und darauf, dass dieser dem Zuschauer auch beim späteren Ansehen des Videos deutlich wird.

INTERVIEW MIT
YOUTUBER-VERMARKTER
PATRICK
FRANZ

Patrick Franz ist Head of Artist Partnerships beim YouTuber-Vermarkter Studio 71 in Berlin. Was das bedeutet? Er betreut und steuert YouTuber – und dazu gehört auch und immer mehr, die Texte zu optimieren.

Patrick, wie wichtig ist der Text bei den YouTubern, die Ihr betreut?
Auf YouTube bzw. generell auf Social Media-Plattformen ist die Authentizität der Influencer einer der wichtigsten Faktoren für Erfolg. In diesem Zusammenhang sollte die Sprache zum eigenen Charakter und Inhalt des Kanals passen. Da es sich bei YouTube um eine audio-visuelle Plattform handelt, sind Texte hier erstmal nur zweitrangig. Die wenigsten YouTuber/Innen schreiben sich im Vorfeld ausführliche Skripte. Die meisten notieren sich – wenn überhaupt – nur ein paar grobe Stichpunkte als roten Faden. Viele improvisieren auch komplett. Texte spielen hingegen für den Algorithmus von YouTube eine wichtige Rolle. Anhand von Videotitel, Videobeschreibung und Videotags wertet dieser die Videos aus und schlägt sie potenziellen Zuschauern vor. Hier ist es also sehr

wichtig, dass man den Algorithmus mit den richtigen „Keywords" füttert, um so die größtmögliche Reichweite erzielen zu können.

Wieviel Freiheit haben die YouTuber textlich – und wo schaltet Ihr Euch ein?

Wir von Studio71 sehen uns in Bezug auf die Inhalte unserer YouTuber/Innen vor allem in einer Beraterfunktion. Grundsätzlich können und dürfen unsere Artists ihre Videos und Texte frei gestalten, sofern sie sich an die Guidelines von YouTube halten. Generell geben wir unseren Künstlern aber ein paar Hilfestellungen mit auf den Weg. So sollten die Texte den Inhalt des Videos so gut wie möglich wiedergeben. Übertreibungen oder sogenannte „Clickbait-Titel" führen manchmal zwar zu mehr Klicks, aber die meisten Zuschauer stellen sehr schnell fest, dass das Video nicht den Erwartungen, die durch den Titel geweckt wurden, gerecht wird – und brechen somit das Video schnell wieder ab. Das wiederum führt zu einer schlechten Watchtime und wird vom Algorithmus bestraft. Auch nicht jugendfreie Sprache sollte generell vermieden werden. Selbst Wörter in Großbuchstaben werden von YouTube schlecht bewertet, da Großschreibung mit Anschreien gleichgesetzt wird. Das sind nur einige Tipps, die wir unseren Künstlern mit an die Hand geben.

Welche sprachliche Rahmenhandlung haben die Videos?

Um auf YouTube aus der Menge herauszustechen, empfehlen wir unseren Künstlern einige stilistische Mittel, um bei den Zuschauern einen Wiedererkennungswert zu erzeugen. Das kann z.B. eine besondere Begrüßung oder Catch-Phrase sein – oder aber auch ein bestimmtes Ritual.

Wie sorgt der Text bei YouTube-Videos für Reichweite?

Wie oben schon beschrieben spielt der Algorithmus eine zentrale Rolle für den Erfolg eines Videos. Ohne die richtigen Keywords kann selbst das beste Video in der Menge versinken. Denn nur durch ein perfekt aufeinander abgestimmtes Zusammenspiel von Videoinhalt, Titel, Videobeschreibung und Keywords hat der Algorithmus alle notwendigen Infos, um das Video der richtigen Zielgruppe vorzuschlagen.

Allein oder zu zweit? Wie finden YouTuber besser zu einer eigenen, guten Sprache?

Grundsätzlich gilt auch hier – wer authentisch rüberkommt, gewinnt! Ob dies nun besser allein oder zu zweit gelingt, kann man pauschal nicht beantworten und hängt letztendlich auch vom eigenen Charakter ab. Ich gehe aber davon aus, dass man zu zweit leichter in einen „Flow" kommt und sich dadurch schneller ein eigener Sprachstil entwickelt.

Wie würdest Du die Sprache von YouTubern beschreiben?

Unsere Sprache ist ja ständig im Wandel, und gerade die Jugend nimmt immer wieder neue Wortkreationen mit in ihren Wortschatz. Das Phänomen ist an sich ja nicht neu, wird aber durch Plattformen wie YouTube extrem beschleunigt, da sprachliche „Trends" sich wesentlich schneller verbreiten. Interessant ist hierbei jedoch, dass die Inspiration hierfür oftmals aus dem klassischen TV stammt. Vor allem Reality Shows spielen hier nach wie vor eine große Rolle und waren in den letzten Jahren der Ursprung von vielen neuen Wortkreationen – Okurrrrr!

Wo ist noch Luft nach oben?

Im Gegensatz zur Sprache sind Texte natürlich relativ anfällig für Rechtschreibfehler. Diesen Umstand muss man vor allem bei Key Words beachten und auch falsche Schreibweisen mit in die Tags aufnehmen.

SCHREIBEN FÜR ♥ FACEBOOK

Als ich die ersten Kommentare auf Facebook postete, es war gefühlt im Pleistozän, kam mir das vor wie eine Offenbarung: Die eigene Meinung veröffentlichen, dafür Likes bekommen, das war neu in meinem Leben. Aufgewachsen bin ich in einer Welt, in der nur Journalisten und Autoren veröffentlichen konnten.

Plötzlich waren auch Geschichten aus der Küche, politische Privatmeinungen und Urlaubs-Berichte für Follower interessant. Schnell sprang ich auf den Zug auf: Aus anfänglichen Meinungsäußerungen wurden kleine Artikel, schließlich Kolumnen – und schließlich mein eigener Blog **www.annagelbert.com**. ....♥

Die Links hierzu teile ich immer noch gern bei Facebook.
Denn sie sorgen für Likes, Kommentare und Diskussionen.   **@annagelbert.com**

Ich weiß, Menschen unter 25 halten Facebook für veraltet. Ich bin trotzdem eine treue Anhängerin dieser Plattform und nutze sie für Business-Kontakte. Instagram ist die optische Verlängerung.

Allerdings hatten Facebook und ich auch unsere Krisen. Dafür sorgten die Schlagzeilen um Gründer Mark Zuckerberg, um politische Einflussnahme und Datenschutz – und nicht zuletzt der schwer nachvollziehbare Algorithmus.

Aber es ist für alle, die gerne Texte schreiben, immer noch eine interessante Fläche.

Was müsst Ihr beachten, wenn Ihr auf Facebook Texte veröffentlicht?

Drei Arten von Posts sind wichtig:

1) Links
2) Bilder
3) Video

@onlinemarketing.de

Link-Posts werden am meisten geteilt, Videos bekommen die meisten Reaktionen. Laut **www.onlinemarketing.de** gehen 80% der Posts in der Woche online, die anderen 20% am Wochenende. Die meiste Interaktion erreichen Texte mit wenigen Emojis und bis zu 50 Zeichen.

Wechselt gern zwischen den drei Formen. Sorgt aber dafür, dass Ihr genügend eigenen Content habt. Nichts ist ermüdender als Accounts voller Links. Auch bei Facebook habt Ihr ein Gesicht, einen Namen, eine Sprache als Markenzeichen. Setzt sie ein und spielt nicht nur Durchlauferhitzer für andere. Kommentiert, bezieht Stellung, dann habt Ihr dem Ganzen schon Euren Stempel aufgedrückt.

Wie schreibe ich überhaupt für Facebook?

„Kann ich da nicht schreiben, wie ich will?" Lautet hier oft die Gegenfrage. Antwort: Nein. Fünf Minuten Nachdenken vor dem Posten sind Pflicht, ein zweiter Blick eines Unabhängigen ebenso. Auch Rechtschreib-Katastrophen und Flüchtigkeits-Unfälle sind kontraproduktiv. Leider wirkt Facebook manchmal ein bisschen verramscht. Ich glaube, wenn wir dem Medium Respekt erweisen und es als Plattform für schöne Fotos, inspirierende Artikel und zivilisierte Kommunikation nutzen, können wir diesen Trend umkehren.

◄ **Gutes, korrektes Deutsch**.
Die oberste Regel für guten Facebook-Stil. Das versteht sich eigentlich von selbst, muss aber wohl noch einmal gesagt werden. Aber wie teile ich meine Texte und Ideen bei FB und trete mit anderen in Kontakt?

◄ **Kommunikation**:
Fragt in die Runde, teilt einen anregenden Gedanken oder ein polarisierendes Statement. Dieser Call to Action sorgt für den Traffic. Die Kommentare und Reaktionen lassen Euch bei FB wiederum besser dastehen.

◄ Wenig **Emojis**.
Spart Euch die lustigen Bildchen für Whats App und Insta. Bei Facebook könnt Ihr in aller Ausführlichkeit sagen, was Ihr zu sagen habt – mit Worten.

◄ **Storytelling** gehört auch hier dazu:
Die Facebook-Community mag Geschichten von Menschen. Spendet Ihr also für Flüchtlinge, erzählt, wie sehr Euch die Bilder der frierenden Kinder in den Lagern ans Herz gehen. Lasst ein bisschen was von Euch durchblicken. Leute, die nur Grafiken und Memes teilen, lösen bei anderen nichts aus.

◄ **Too much Information**:
Leider ist auch bei Facebook die Gefahr groß, dass Abteilungsleiter Müller 50 Fotos von seinem letzten Canyoning-Trip postet und Eure Praktikantin die Tulum-Reise zeigt, die

Ihr Euch nicht leisten konntet. #gönndir , #lovemylife. Ein bisschen Neid erzeugen mit schönen Fotos und Texten ist gut. Wer aber zu viele, detaillierte Infos raushaut, macht besser einen eigenen Blog. Facebook sollte nur die Einladung sein, nicht die Party...

🛦 **Anrede**:
Ich rede Follower immer mit der zweiten Person Plural an. „Ihr", das wirkt vertraut und schafft Nähe. Kommt mir einer blöd, gehe ich ins „Sie", um diese Nähe wieder zu kappen. Zum Thema Shitstorm gibt's gleich mehr!

🛦 Verwendet auch hier eine **Überschrift**.
Beispiel: „Warum ich es reizvoll finde, in Bitcoins zu investieren"...Egal, ob Ihr Profi-Autoren seid oder Hobby-Poster: Ihr erzählt hier auf einer öffentlichen Plattform eine Geschichte. Die hat doch eine Headline verdient, findet Ihr nicht?

🛦 **Multimedia**.
Habt Ihr viel zu berichten oder anzuprangern, könnt Ihr das auch in einem Video tun. Der Wechsel aus Video, Foto und Text macht Euren Account bunter und lebendiger.

Mein Teenie-Sohn wundert sich, dass ich immer noch bei Facebook bin. Für viele Millennials ist das undenkbar: Zu viele Alte, zu viel Politik, zu viele Trolle, zu wenig lustiger Content, zu lange Wortsalven. Laut dem „Social-Media-Atlas 2020", einer Studie der Hamburger Kommunikationsberatung Faktenkontor und des Marktforschers Toluna, kämpft Facebook in Deutschland in fast allen Altersgruppen mit Nutzerverlusten. Nur noch ein Drittel der 16-19-Jährigen nutzt die Plattform.

Ich finde:

WER **AUSTAUSCH SUCHT** UND **GERN SCHREIBT**, IST BEI **FACEBOOK** GENAU RICHTIG.

Man kann hier schnell Reichweite aufbauen – allerdings zu einem gewissen Preis. Denn, wo viele Meinungen aufeinanderprallen, entwickeln sie eine starke Dynamik. Nirgendwo sonst kann man so schnell einen Shitstorm auslösen....

OH SHIT, EIN SHITSTORM!

Laut Duden ist ein Shitstorm ein „**Sturm der Entrüstung in einem Kommunikationsmedium des Internet, der zum Teil mit beleidigenden Äußerungen einhergeht.**"

Klingt harmlos, hat aber oft verheerende Image-Schäden zur Folge. Gerade musste sich Sportartikel-Riese Adidas einem Shit-Tornado stellen: Der Konzern hatte angekündigt, im Zuge der Pandemie keine Mieten mehr für seine Filialen zahlen zu wollen. Sofort verbreitete sich die globale Empörung. Sneaker wurden öffentlich entsorgt, Shirts verbrannt, Memes wie „A-s-i-das" rasten schneller um den Erdball als das Virus. Der Konzern entschuldigte sich und ruderte zurück.

Jeder, der auf Social Media aktiv ist, muss mit Gegenmeinungen rechnen. Je mehr Follower, desto heftiger. Facebook hat sich außerdem für unzählige Gruppen zum Sprachrohr entwickelt: Für oder gegen Neuwahlen, für oder gegen Veganismus, für oder gegen Impfungen, whatever.

Gerade wurde ich angefeindet, weil ich Geld für die Flüchtlingskinder auf Lesbos gespendet habe. Ich wiederhole: **Weil ich Geld gespendet habe.**

Übrigens müsst Ihr auch beim Antworten auf Hater-Kommentare auf Rechtschreibung achten. Jeder kann es lesen, es bleibt für immer im Netz. Also: Nicht im Affekt und mit falschem Deutsch antworten, sondern auch hier sorgfältig arbeiten!

Ein prominenter TV-Friseur postete kürzlich zum Todestag seines Vaters ein Bild vom Grab. Als Reaktion gab es aggressive, vor Schwulenhass triefende Kommentare. Ein Fall fürs Strafrecht. Hier gibt es kein Zögern. Soziale Medien sind kein Wertstoffhof und kein rechtsfreier Raum. Sie sind eine Austausch-Plattform, in der ein zivilisierter Umgang gepflegt werden muss.

Was tun, wenn der Shitstorm aufzieht?

Große Unternehmen haben ihre Social Media-Teams und Online-Monitoring-Tools, Notfall-Landing-Pages und Krisen-Anlaufpläne, damit alle wissen, was zu tun ist. Ein paar dieser Strategien helfen auch Euch, mit dem Sturm klarzukommen. Denn klar ist: **Totstellen ist die schlechteste Lösung.**

- ◁ In der Frühphase gilt es, Shitstorms zu **vermeiden**. Das geht, indem Ihr rassistische, sexistische und diskriminierende Inhalte meidet. Mancher Spruch klingt beim Mädelsabend mit Aperol nach einem mutigen, lustigen Tabubruch, sorgt aber draußen für Entsetzen.

- ◁ Zunächst müsst Ihr den Shitstorm **erkennen**. Behaltet Eure Social Media-Kanäle im Blick. Also besser nichts Provokatives absetzen – und dann das Wochenende auf einer einsamen Berghütte ohne WLAN verbringen.

- ◁ **Screenshots** der Hater-Kommentare machen. Ihr wisst nie, ob Ihr die vor Gericht noch einmal braucht.

- ◁ **Schnell reagieren, ernst nehmen und beschwichtigen**: Das geht mit einer offenen, freundlichen Reaktion, die genau auf den Kommentar eingeht und den Sturm vielleicht noch eindämmt. Einige Unternehmen haben den Shitstorm mit einer Standard-Antwort auf eine wütende Kunden-Anfrage allerdings erst befeuert.

- ◁ Kommt noch ein weiterer Kommentar, nehmt die Diskussion aus der Öffentlichkeit, damit sich keine anderen Leute einschalten. Über den **Messenger** könnt Ihr auf weitere Anliegen eingehen. Wenn der „Angreifer" kein Publikum mehr hat, geht der Reiz verloren, Euch öffentlich bloßzustellen.

- ◁ Habt Ihr etwas veröffentlicht, was Ihr womöglich bereut, hilft nur: **Post löschen und Stellung beziehen**. So zum Beispiel: „Weil so viele User sich über meinen Post geärgert haben, habe ich mich entschieden, ihn zu entfernen. Danke für Eure vielen Reaktionen! Wir alle machen Fehler. Ich hoffe, wir finden jetzt zurück zu einem freundlichen Austausch."

- ◁ Sollte sich nur eine Gruppe von Eurem Post angegriffen fühlen und sich zum Rant verabreden, beispielsweise eine rechtsextreme Gruppierung: Geht in die **Diskussion, verteidigt Euren Standpunkt.** Ihr bestimmt, was auf Eurem Kanal passiert.

- ◁ Ihr müsst reagieren. Aber Ihr müsst Euch nicht alles gefallen lassen. Falls die Kommentare in Richtung Hass, Hetze, Drohungen umschlagen („Sowas wie Dich sollte man…", „Du, F…!") hilft nur noch: **Kommentarfunktion deaktivieren, melden, anzeigen, löschen, blockieren.**

Natürlich herrscht bei uns Meinungsfreiheit, und ich bin eine Freundin von Diskussions-Kultur. Eine schnelle, freundliche, humorvolle Reaktion bringt Euch im Zweifel mehr Follower.

Anders als Unternehmen haben einzelne Social Media-Aktive außerdem mehr Freiheiten und können ihre Agenda noch selbst bestimmen.

Facebook ist für viele Menschen zur Auskotz-Plattform geworden. Ihr seid kein Mülleimer. Verstrickt Euch nicht in endlose Debatten mit Trollen, die sich nur entleeren wollen.

**SCHREIBEN ALS
360 GRAD-
EIGEN-PR**

Jetzt haben wir Blogger, Instagrammer und Facebook-Aktive behandelt. Spätestens jetzt sollten wir aber sagen, dass fast niemand nur **eins** dieser sozialen Medien benutzt: Blogger nutzen Insta als Einfallstor für Follower, Twitterer sind gerne auch auf Facebook aktiv. Und Promis nutzen all diese Kanäle (und einige mehr), um ihre eigene 360-Grad-PR zu machen.

Manchmal steckt dahinter eine eigene Agentur, manchmal auch nur der beste Kumpel. Diese Multimedia-Präsenz schafft eine Eigenmarke. Wichtig sind hier nicht nur die Fotos, die gern für mehrere Plattformen verwendet werden. Vor allem der Text sollte aus einem Guss sein, egal, ob in der langen oder kurzen Variante. In diesem Reich der Eigen-PR gilt nur ein Gebot: Echtheit. Wer auf LinkedIn gerade noch ein Projekt bewirbt, wirkt nicht glaubwürdig, wenn er auf Facebook über Konkurrenten wettert oder Fotos von seinem Garten mit Deutschlandflagge postet. Wer sich so weit ins Social Media-Leben lehnt, muss damit leben, ausgeleuchtet zu werden.

Daher gilt: **Eure Sprache muss auf allen Plattformen ein stimmiges Gesamtbild ergeben.** Habt Ihr die Kernthese: **Müde Working Mom teilt Überlebenstipps**, dann muss das überall durchscheinen, selbst, wenn sie eine bezahlte Auszeit in einem Retreat macht und das auf Insta postet. Ich habe mich mit jemandem unterhalten, der aus vielen faszinierenden Stories eine Geschichte gezimmert hat: Daniel Aminati.

INTERVIEW MIT
MODERATOR DANIEL AMINATI

Du bist Moderator, Motivator, Musiker, Unternehmer – wie wichtig ist für Dich Sprache als Instrument für 360 Grad-Eigen-PR?
Kommunikation ist wie in so vielen Dingen das A und O. Es gibt viele Wege, eine Botschaft nach außen zu tragen. Sprache ist eine der direktesten Arten. Ich spreche gern, um Gehör zu finden.

Welche Schlüsselworte kommen immer wieder vor bei Dir?
Ich versuche, bewusst mit Sprache umzugehen, denn jedes Wort löst auch gleichsam ein Gefühl aus.

Beispielsweise nutze ich positive Formulierungen: Aus dem Wort „Problem" mache ich viel lieber eine „Herausforderung" oder vermeide das Wort „Stress" und nehme stattdessen „viel beschäftigt", statt „ängstlich" „ein wenig beunruhigt".

Was genau ich für Schlüsselworte nutze – darauf werde ich mal achten. Denn darauf, muss ich gestehen, habe ich noch nicht geachtet.

Welches soziale Medium nutzt Du wofür?

Da die Plattformen sich unterscheiden, was Zielgruppe, Alter, Interessen usw. angeht, ist Facebook die Plattform, auf der es bei mir etwas humoriger zugeht.

Meine Seite ist vor vielen Jahren durch Humor gewachsen. Da hat sich eine gewisse Zuseherschaft geformt.

Inhalte mit Leichtigkeit, die für gute Laune stehen und positive Energie verbreiten, sind an vorderster Front.

Aber auch Themen wie Motivation, Fitnessinhalte z.B. aus meinem Fitnessprogramm „Mach dich krass" sind gern gesehen.

Auf meiner Instagram-Wall finden sich eigene Bilder und Motivations-Zitattafeln.

Die Insta-Story ähnelt einem Tagebuch.

In einem Zeitfenster von 24 Stunden zeige ich ausschnittsweise, was ich den lieben langen Tag so tue. Das heißt, ich nehme die Zuseher mit hinter die Kulissen.

Ich koche, trainiere, mache Musik, teile meine Gedanken und gewähre Einblicke in meinen Alltag.

Dieses typische 24-Stunden-Fenster – finde ich eine schöne Idee, allerdings muss ich zugeben, dass ständig Content zu liefern auch eine Menge Arbeitsaufwand bedeutet.

Content ist King: Wenn Du nichts postest, nichts zeigst, dann schaffst Du keine Begehrlichkeit. Es ist ambivalent.

Auf der einen Seite willst Du Deine Ruhe haben, auf der anderen Seite darfst Du als Person der Öffentlichkeit auch gern gesehen werden – also: Kamera an.

Hast Du ein Skript für Deine Posts?

Nein, überhaupt nicht. Ich bin da komplett instinktiv und bauchgesteuert.

Es kommt nicht selten vor, da mache ich Dinge, von denen ich im Nachhinein denke... das hätte ich auch sein lassen können. Aber nach 24 Stunden ist es eh weg, es sei denn, ich lasse es sichtbar in den „Highlights".

Hast Du eine Formel für Deine Social Media-Texte: Wie ziehst Du die Leute rein – und wie entlässt Du sie wieder in den Tag?

Eine Formel hab ich nicht, vielmehr einen Anspruch an Glaubwürdigkeit.

Ich habe mal versucht, mit verschiedenen Agenturen zu arbeiten, die diese Textarbeit übernehmen sollten, weil ich zeitlich dazu nicht kam.

Mir fehlt in diesen Zusammenarbeiten ganz oft das, was ich „Seele" nenne. Ich mache da aber niemandem einen Vorwurf. Ich bin für manche nicht ganz einfach zu greifen. Sprache, Humor, Spontaneität, gelebtes Wissen und Erfahrung sind schwer zu adaptieren.

Manche Agenturen planen beispielsweise den Content wie ein Fernsehsender. Klar – das macht Sinn, weil es Zeit einspart. Mir fehlte da aber manchmal die Flexibilität. Ich bin nicht jeden Tag gleich drauf. Und genauso wenig findet meine Ansprache jeden Tag gleich statt. Einen Grundtenor gibt es immer – und der ist immer positiv. Für mich ist ganz wichtig: Authentizität.

Hast Du Tipps für Deine Follower – wie erzählen die ihre eigene Geschichte? Viele Leute denken, sie müssten sich kompliziert ausdrücken. ..

Keep it simple and be real.

Frage und hinterfrage dich immer wieder. Was sind deine Botschaften? Was ist dein Ziel? Was sollen deine Zuseher mitnehmen? Welcher Content gefällt dir selber bei anderen und warum?

Steh zu dir – gerade im realen Leben und auch in deiner Social Media-Welt.

Und mach dich nicht zu sehr abhängig von Like-Zahlen.

Ich bin jetzt schon lange in der Showbranche und in der Zeit habe ich vor allem für mich eins herausgezogen: Mutig zu sein, zu mir zu stehen, nicht so schambehaftet zu sein, weil andere Menschen sich vielleicht was denken könnten. Ich glaube, dieser Punkt kommt, wenn ein gewisses Selbstbewusstsein und Achtsamkeit geschaffen sind. Dann kommt dieses Gefühl: „Man muss nicht jedem gefallen. Ich habe eine Botschaft, und ich will das jetzt sagen. Schau hin oder sieh weg – auch wenn das nicht jedem gefällt." Das ist vollkommen legitim und ich respektiere jede Meinung. Aber schlussendlich betritt man auf meinen Kanälen mein „Zuhause" – und das schaffe ich so, wie ich es für richtig halte. Und wem das nicht gefällt, der sucht sich eine andere Plattform. Es gibt ja glücklicherweise eine große Auswahl.

Steh zu dir, sei dir deiner Werte und dessen bewusst, was Du sagen willst.

Und wenn du nichts zu sagen hast, aber ein schönes Profil und der Welt Fotos von dir präsentieren möchtest – wunderbar.

Mach das, was du für richtig hältst. Vorausgesetzt natürlich, es fügt keinem anderen Schaden zu.

Wer inspiriert Dich sprachlich?

Für mich ist wichtiger: Welcher Mensch inspiriert mich? Kann er sein Herz und seine Begeisterung nach außen tragen? Dann wird er das auch durch Sprache tun. Politiker können mitunter recht gut reden, interessieren mich aber oft als Mensch nicht wirklich, da viele etwas „Maskenhaftes" haben.

Ich glaube, dass Seele, Herz und Mensch eine Einheit bilden und auch eine Sprache bilden, die mich trifft.

Barack Obama ist gerade für mich als schwarzer Deutscher eine unglaublich fesselnde Persönlichkeit. Er ist definitiv ein fantastischer Redner. Es war für mich eine große Ehre, mit seiner Schwester Auma zu sprechen, die ich in Kenia besucht habe, um dort ihre Stiftung zu unterstützen.

Ein ganz anderer „Großer", der vor einigen Jahren verstorben ist, ist Muhammed Ali.

Er war nicht nur der leichtfüßigste Schwergewichtsweltmeister, sondern auch noch ein Kämpfer außerhalb des Rings. Er war nicht nur Boxer, sondern auch Botschafter für Frieden und Gerechtigkeit.

Haben Dir jemals die Worte gefehlt?

Es gab mit Sicherheit Situationen, in denen ich nicht wusste, was ich sagen sollte.

Einmal hatte ich einen Blackout in einer Sendung. Das lag daran, dass ich für eine TV-Produktion vier Wochen lang in Tansania war. Ich habe damals sehr auf die Ernährung geachtet – aber so überdiszipliniert, dass ich keine Kohlehydrate zu mir genommen habe. Ich habe mich fast einen Monat lang NO-carb ernährt. Dann kam ich wieder und stand in einer Live-Sendung bei „taff". Mir hat schlussendlich die Energie gefehlt, das Benzin. Ich habe für einige Sekunden nicht sprechen können und innerlich gezählt: 21, 22, 23... Meine Co-Moderatorin guckte mich an. Ich konnte nur sagen: „Entschuldigen Sie bitte, ich hatte jetzt gerade einen kleinen Aussetzer." Und dann habe ich weiter moderiert. Danach dachte ich mir: Okay, gesunde Ernährung ist das Eine, aber man darf nicht über die Stränge schlagen.

Fehler passieren. Das Beste, was wir tun sollten, ist dazu zu stehen.

Nobody is perfect.

Hast Du in dieser Corona-Krise jemanden, an dessen Worten Du Dich festhältst?

Keinen bestimmten.

Aber natürlich habe ich mich mit dem Thema beschäftigt und dazu in meinem Podcast eine Sendung gemacht.

Ich finde es wichtig, achtsam und verantwortungsvoll zu sein, aber ebenso, sich nicht verrückt zu machen.

Genauso, wie ich versuche, in meinem täglichen Leben bewusst zu sein. Seit zwei, drei Jahren konsumiere ich Nachrichten auch nicht mehr so. Ich habe eine ganze Zeitlang morgens das Morgenmagazin geschaut. Das hat mich auch immer in eine gewisse „Stimmung" versetzt. Nachrichten sind nun mal per se nicht positiv. Aber gerade in der Corona-Zeit sind Nachrichten wichtig. Wir müssen informiert sein. Oft reicht es aber, wenn ich mir einmal am Tag ein kurzes Update hole. Ich muss mir nicht zehn Hiobsbotschaften anhören, die sich sowieso alle ähneln. Da fahre ich das afrikanische Modell: Take it easy, es wird schon gutgehen. Wir haben schlaue Köpfe und Experten, die sich Gedanken machen, dass es uns gutgeht. So viel Vertrauen setze ich in unsere Politik. Glücklicherweise hat es in diesem Land ganz gut funktioniert, also wird auch diese Krise gemeistert werden. Damit gehe ich ins Bett und steige auch so wieder aus dem Bett heraus.

ICH SEO WAS, WAS DU NICHT SIEHST!

Der schönste Blog nützt Euch nichts, wenn ihn im digitalen Dschungel keiner findet. Das musste ich auf die harte Tour lernen. Ich setzte neue Worte zusammen, kreierte kunstvolle Hashtags und fand mich irre kreativ. Bis mir ein Kollege – der hier auch im Buch zu Wort kommt – sagte: Niemand wird Dich finden, wenn Du nicht ein paar Schlagwörter oder Schlagwort-Kombinationen bietest.

Hier kommt jetzt SEO ins Spiel, die härteste Währung in den sozialen Medien. SEO steht für Search Engine Optimization. Das bedeutet: So werdet Ihr bei Google besser gefunden. Da Google immer noch **die** Suchmaschine ist, ist es sinnvoll, schon beim Texten ein paar Key Words zu definieren.

KEY WORDS SIND DIE KÖDER, DIE IHR AUSLEGT, DAMIT MÖGLICHST VIELE FISCHE DA DRAUßEN ANBEIßEN.

Das muss nicht ein Wort sein, auch mehrere, die ein Thema eingrenzen, sind gut. Die Key Words müssen auch nicht alle exakt so im Text vorkommen, das wirkt ungelenk. Aber Euch muss klar sein, für welchen Bedarf Ihr schreibt.

1) IN DIE HEADLINE. WENN EURE ÜBERSCHRIFT SCHON DAS WICHTIGSTE SAGT, KANN NICHTS MEHR SCHIEFGEHEN. ZUM BEISPIEL: „ZEHN SICHERE DATE-KILLER."

2) UNTER DIE FOTOS.

3) IN DIE META-DESCRIPTION. HIER SOLLTEN NICHT MEHR ALS 160 ZEICHEN STEHEN.

 4) WIEDERHOLUNGEN DÜRFEN SEIN. ANGENOMMEN, „HANF" IST EUER KEY WORD, DANN KÖNNT IHR ZUM BEISPIEL EINEN ELEGANTEN SATZ BAUEN: „HANF HEILT, HANF ENTSPANNT, HANF ROCKT."

5) AUCH EIN WORTSPIEL WÄRE HIER TOLL: „HANF IM GLÜCK" ZUM BEISPIEL?

Aber wie findet Ihr gute Schlüsselworte? Ganz einfach: Fragt Euch zunächst, wie Euer Blog oder Post anderen helfen kann? Wonach sucht jemand, der Euch noch nicht kennt? Welche Probleme will jemand lösen, der Euren Blog besucht?

Deswegen pimpen immer mehr Blogger ihre Texte auf die Suchmaschinen-Optimierung. Googelt Euch und Eure Themen – dann erscheint eine ganze Menge an verwandten Worten unter dem Suchfeld. Auch Tools wie Google Analytics sind hier natürlich hilfreich.

Was aber hilft mir im Ranking außer übermäßig oft eingestreuten Key Words? Wie rutscht mein Content in den Muss-Ich-Haben-Charts weiter nach oben? Marketingplattformen wie

Chimpify ···

verweisen hier auf wichtige Kriterien (es gäbe Zehntausende), von denen ich diejenigen zitiere, die für mich am meisten Sinn machen. **Diese Tipps gelten vor allem für Blogs:**

@chimpify.de

- CONTENT-QUALITÄT:
WIE GUT UND WIE NÜTZLICH IST DEIN INHALT?

- MIT H1 FÄNGT ALLES AN.
H1 IST EURE HEADLINE - WENN DIE KNALLT, IST SCHON VIEL GEWONNEN.

- NUTZERFREUNDLICHER INHALT:
GUT LESBARE TEXTE MIT ABSÄTZEN UND ZWISCHENÜBER-SCHRIFTEN BILDEN „COMPELLING CONTENT", DER EURE LESER*INNEN FASZINIERT.

- CONTENT-LÄNGE: LÄNGERER CONTENT RANKT BESSER.

- CLICKRATE: WIE VIELE LEUTE KLICKEN?

- VERWEILDAUER: WIE LANGE BLEIBEN DIE LEUTE?
JE LÄNGER, DESTO BESSER.

- MULTIMEDIA: HABT IHR AUCH VIDEOS ETC?

- IST EUER DESIGN AUCH FÜR SMARTPHONES OPTIMIERT?

- EXTERNE UND INTERNE LINKS.

- WIE SCHNELL IST EURE SEITE TECHNISCH?

Setzt Eure starken Key Words ein, aber übertreibt nicht. Ihr schreibt nicht nur für die Suchmaschine, Ihr schreibt für Menschen. Was vor allem zählt, ist Eure gute Schreibe!

SCHREIBEN FÜR TWITTER

Ich habe mich lange schwergetan mit Twitter. Zum einen, weil Donald Trump damit ein ganzes Land regiert und mir damit die ganze Plattform madig gemacht hat. Zum anderen, weil mich – obwohl es mein Job als Journalistin ist, Inhalt zu destillieren und zu verknappen – die 280 erlaubten Zeichen abgeschreckt haben. Mir schien das alles zu wirr: Jeder retweetet jeden, es wimmelt von Zeichen, ein paar Alpha-Tiere dominieren die Gespräche und die anderen finden sich kaum noch zurecht. Isch geh Schulhof.

Mittlerweile finde ich Twitter überragend. Es ist das schnellste Medium und hat die klassischen Online-Medien an Tempo überholt. Klar, ein paar Verschwörungs-Spinner finden sich auch hier. Ansonsten gilt: Finde Deine Lieblinge und folge ihnen. Einige Twitterer sind amüsant, andere pfeilgenau, wieder andere so peinlich, dass es Spaß macht, sie zu lesen.

Vor allem für Unternehmen ist ein gelungener Twitter-Account das perfekte Fenster zur Kundschaft. **Ein guter Twitter-Auftritt gibt Personality, Wir-Gefühl, Kunden-Bindung und neue Fans.** Niemals hätte ich die Berliner Verkehrsbetriebe interessant gefunden. Seit sie aber ständig selbst-ironisch Werbung machen und auf ihre schnoddrige Art anspielen, feiere ich sie.

Auch der Sänger **James Blunt** gehörte nicht zu meinen Favoriten. Weil aber kaum jemand so lustig Twitter-Trollen antwortet, hat der Schnulzengott mein Herz erobert. Ende März twittert er: **„Während viele andere Künstler im Lockdown Mini-Konzerte aus ihrem Zuhause übertragen, dachte ich, ich tue Euch allen einen Gefallen und tue genau das nicht."**

Auf den Einwand eines Fans, man möge an all die Eingeschlossenen im chinesischen Wuhan denken, antwortet Blunt: **„Ich bin aber mit meiner Schwiegermutter eingeschlossen."**

Für mich steht fest: Die Musik ist nicht meins, aber der Mann ist ein Spitzen-Social Media-Schreiber.

Auch die **Polizei** ist mittlerweile schwer aktiv auf Twitter: Das ist ein Novum. Früher musste umständlich über Presse-Stellen kommuniziert werden. Heute wird getwittert, informiert und auf Stimmen aus dem Volk reagiert.

Virologe **Christian Drosten** ist mit seinen Tweets zu einer der wichtigsten Informations-quellen geworden – und steht bei Twitter auch Nicht-Politikern und Nicht-Journalisten Rede und Antwort. Der Mediziner und SPD-Abgeordnete Karl Lauterbach wurde ebenfalls auf Twitter der Corona-Mahner schlechthin. Twitter avancierte zur Newsquelle Nummer 1 von allen für alle.

Interessanterweise werden einige der Spitzenplätze auf Twitter von Fußballern belegt. Lange habe ich mich gefragt: Wer will eigentlich wissen, was Kicker über dieses und jenes denken? Offenbar wollen das Millionen. Große Verbal-Kunst werdet Ihr hier nicht finden. Aber alles, was Twitter sprachlich so reizvoll macht, gilt auch hier: Aktualität, knappe Sprache, Emojis, Witze – hier bekommen Fußball-Interessierte kompakt alle Infos auf den Punkt – und das quasi in Echtzeit. Sie müssen ihre Lieblingsspiele nicht per Livestream verfolgen, hier gibt's auch gleich eine Einordnung dazu. Sprachlich sind die Tweets von Sportlern oft auf das Nötigste reduziert. Deutsch und Englisch wechseln sich ab, um das Ganze möglichst breit zu halten.

Boris Becker

...war noch nie ein Freund großer Worte und komplizierter Schachtelsätze. Umso besser, dass der Ex-Tennisheld sich auf Twitter in knapper Form austoben kann. Meist genügen ihm ein paar Hashtags, garniert mit 1-2 Sätzen und Fotos. Becker mischt Deutsch und Englisch, nutzt die Plattform aber auch als Eigen-PR-Kanal, weist auf seine eigenen In-terviews in anderen Medien hin, gibt seinen Ex-Frauen und Gegnern noch einen Spruch mit – oder erklärt seine Insolvenz. 680 000 Follower schauen ihm bei dieser öffentlichen Achterbahnfahrt gern zu.

Im Juni 2020 geht der Tennis-Rentner für die Anti-Rassismus-Bewegung Black Lives Mat-ter auf die Straße. Der 52-jährige wird für seine Teilnahme an den Demos im Netz heftig beschimpft und bezieht auf Twitter Stellung: „Sind wir ein Land von Rassisten geworden?". Nach privaten Skandalen nutzt der „alte weiße Mann aus Leimen" (Stern online) Twitter, um klare Kante zu zeigen und macht sich damit Feinde, aber viele neue Freunde. Stern online schreibt „Bravo, Boris Becker – mit seiner klaren Haltung gegen Rassisten ist er endlich wieder ein Vorbild."

Die Wort-Künstler

Auch für Text-Könige ist Twitter reizvoll: Pointen auf engem Raum, in wenigen Sätzen viel sagen – das ist für einige ein Sport, den sie neben ihrer Haupttätigkeit gern betrei-ben. Kolumnisten, Buchautoren, Podcast-Stars haben hier eine Trainings-Wiese für die Wort-Kurzstrecke erobert.

Die sprachlich reizvollsten deutschen Accounts kommen von Berufsschreibern wie Jan Böhmermann, Sybille Berg und Micky Beisenherz. Seinen 215 000 Followern serviert der Stern-Kolumnist – meist auf Deutsch – kompakt Infos, Meinung, Pointen und immer EINE Geschichte.

In der Corona-Krise ist Twitter für mich zur wertvollen News-Quelle geworden.

Auch während einiger TV-Sendungen und Fußballspiele lohnt es sich, parallel auf Twitter der Kommentar-Ebene zu folgen. Das Traumschiff mit dem neuen Kapitän Silbereisen ist so ein Fall, und natürlich immer wieder Germany's Next Topmodel. Hier unterhalten sich Promis mit Normalos, die oft wahre Wort-Perlen raushauen.

Das Schöne: Twittern kann jeder. Aber Vorsicht, falls Ihr jetzt denkt, ab und zu ein Sätzchen genügt. Auch kurze Texte brauchen Handwerk.

HIER KOMMEN **20 TIPPS** FÜRS SCHREIBEN VON TWEETS:

1) Schreibt Zahlen statt Zahlwörter – ist hier genau andersrum als im Fließtext und den 280 erlaubten Zeichen geschuldet.

2) Nutzt 1 bis 2 Hashtags, mehr sind verwirrend.

3) Macht keine Rechtschreibfehler! Auf der Kurzstrecke ist das besonders peinlich.

4) Setzt Call to Action-Wörter ein: „erfahre, findet raus, entdecke, lies, teste".

5) Vertaggt andere User mit @.

6) Bettelt nicht um Retweets.

7) Schreibt oft Worte wie „jetzt" oder „sofort". Twitter ist die schnellste Social Media-Plattform, das darf sich ruhig niederschlagen.

8) Lest Eure Tweets laut vor – so wie jeden Text, den ihr schreibt.

9) Seid sparsam mit Emojis. Das ist Teenie-Sprache und bei WhatsApp-Nachrichten in Ordnung. Bei Twitter schreibt Ihr für ein Publikum, das wachsen soll. Da machen sich gelbe Männchen und Kackhaufen nicht so gut.

10) Beginnt den Tweet mit einem Verb. Beendet ihn mit einem starken Wort, am besten einem Substantiv.

11) Packt nur eine These in den Tweet. Ergibt sich eine Diskussion, könnt Ihr den Rest nachschieben.

12) Zeigt Haltung, wahrt den guten Ton.

13) Sagt in den ersten Worten gleich, was Sache ist. Die **Verknappung** ist hier die große Kunst. Nicht „Ich frage mich manchmal, ob die Kanzlerin...", sondern „Ist die Kanzlerin...?"

14) Haltung ja, **Hass nein**. Das versteht sich eigentlich von selbst, oder?

15) Schreibt nur auf **Englisch, wenn Ihr es auch wirklich beherrscht**. Zu viel Radebrech geht online, weil die Leute nicht mehr gegenlesen oder es einfach nicht besser können.

16) Haltet Euch an **Groß- und Kleinschreibung**. Einige Schreiber nutzen Social Media, um den gängigen Regeln zu entkommen und schreiben nur klein. Auch ich habe das in Mails aus Bequemlichkeit (und, weil ich es modern fand) lange getan. Fakt ist: Unsere Augen sind trainiert auf Groß- und Kleinschreibung, unser Gehirn muss unbewusst ständig sortieren, ob da jetzt ein Substantiv oder Adjektiv steht. Deshalb gilt: Macht es den Followern so leicht wie möglich.

17) Gebt Euch mit den **Antworten** genauso viel Mühe. Auch die werden gelesen und bleiben im Netz.

18) Definiert Euren **Stil**. Wofür steht Ihr? Sarkastische Zwischenrufe? Aufrüttelnde Fragen?

19) **Stellt andere User vor,** deren Auftritt Euch gefällt.

20) **Bringt Euch selbst ein:** Nur, wenn Ihr likt und kommentiert, wird das auch jemand bei Euch tun.

EMOTIONALE TEXTE
– SCHREIBEN FÜRS HERZ

Die meisten Reaktionen bekomme ich auf Posts, die die Leute direkt ins Mark treffen. Hier gibt es oft Dutzende Kommentare: „Du sprichst mir aus der Seele" oder „Ich fühle so sehr mit". Das freut mich jedes Mal wieder. Entgegen aller Statistiken meines Analysetools, das mir sagt, wann meine Posts gelesen werden, haue ich manchmal in den frühen Morgenstunden einen Blogartikel raus. Ich lasse es fließen, die Tränen und die Worte – und mache mir erst danach Gedanken darum, wie ich die eine oder andere Stelle besser formulieren kann. Und meine Leser*innen? Klicken nichtsahnend den neuen Post an, um Minuten später tränenüberströmt dazusitzen. Genauso so könnt Ihr auch schreiben: Was Euch packt, wird auch andere packen!

Posts, die berühren, bleiben länger in Erinnerung. Filme, bei denen wir ungehemmt Rotz und Wasser heulen, vergessen wir nie wieder. Das liegt an unserem Gehirn, das Informationen an Bilder, Personen, Gerüche und Gefühle koppelt. Das alles findet in der Amygdala statt – einem Hirnareal, das eine zentrale Rolle bei der Verarbeitung und Speicherung von Emotionen spielt.

Wer emotional schreibt, weiß: Dieser Text macht etwas mit den Leuten. Und das ist meine Haupt-Message:

WIRKLICH EMOTIONALES SCHREIBEN GEHT NUR RÜCKWÄRTS: ERST DIE EMOTION, DANN DAS HANDWERK.

Bei meinen Recherchen bin ich auf zahlreiche Seiten gestoßen, die handfeste Tipps geben wollen. Aber das Marketing-Kalkül – wie generiere ich Gefühle, um besser zu verkaufen? – schimmerte für meinen Geschmack überall zu sehr durch.

Ich glaube: Die Haupt-Zutat ist immer zuerst echtes Gefühl. Irgendjemand muss mit feuchten Augen und einem warmen Mummeln im Bauch dasitzen, **bevor** sich Werbeleute und Social Media-Strategen in Meetings auf diesen authentischen Moment stürzen. Ohne den ersten Funken gibt's kein Feuer.

Gefühle sind universell. Wir alle haben sie. Jeder von uns weiß, wie schmerzhaft es ist, verlassen zu werden. Jeder kennt die Trauer um einen geliebten Menschen. Alle Eltern fühlen dasselbe Glück, wenn sie in die Gesichter ihrer lachenden Kinder sehen. Und hier könnt Ihr Euch entspannen: Ihr müsst keine Ideen für Content generieren, nicht erst lange suchen, bis Ihr Euer nächstes Thema findet. Es ist schon da.

Eine frühere Kollegin lebt mittlerweile von ihrem Mama-Blog. Ihr Erfolgsgeheimnis: Gute Fotos und ehrliche Texte übers Muttersein, über Ängste, Schlaflosigkeit, Frust und Figur-Probleme. Die Fans feiern sie dafür.

Meine besten Posts habe ich geschrieben, als ich überhaupt keine Lust auf Schreiben hatte. Aber es musste raus. Plötzlich war da dieser Gefühls-Kloß in meinem Hals – etwa am ersten Muttertag nach dem Tod meiner eigenen Mutter. Das ist sehr persönlich, es tut weh, und ich verstehe jeden, der solche Gefühle lieber nicht vor Publikum ausbreiten will. Ich schreibe aber einen Kolumnen-Blog – und Emotionen gehören dazu.

Kennt Ihr noch die Werbung für einen Supermarkt-Riesen, in der ein Opa seinen eigenen Tod vortäuscht, damit ihn seine Familie endlich mal wieder besucht? Das ist Gefühl übersetzt in Marketing – deluxe. Ich soll Bananen kaufen, aber erstmal beweine ich die Einsamkeit alter Menschen.

Gerade hat sich mir der Post einer Instagram-Bekannten eingebrannt, einer taffen Frau, die sich als Sozialarbeiterin um Problemfamilien kümmert. Dieser Post ist aber anders als ihre übrigen. Ihre Hand hält die Hand eines Teenagers, in der eine Infusionsnadel steckt. Der Text darunter erklärt: Es ist die Hand ihres eigenen Sohnes vor einer gefährlichen Herz-Op. So einfach, so berührend.

Ihr seht: Viel braucht es nicht, um einen guten, emotionalen Post zu schreiben. Lasst Euren Gefühlen freien Lauf – und legt dann noch mal den handwerklichen Filter drauf. Denn **natürlich gibt es ein paar Tricks, die das Ganze noch veredeln**:

- ✈ Schon die **Headline** muss Gefühl transportieren und sofort Interesse wecken
- ✈ **Sprecht die Leute direkt an**. Sie wollen dabei sein – statt nur zusehen.

◄ **Variiert Eure Verben.** Statt „gehen", könnt Ihr auch sagen: Schlendern, hetzen, sprinten, bummeln, spazieren, stöckeln, trippeln, marschieren, stampfen, eilen, stolpern, wanken. Lest Euren Text noch einmal durch. Wiederholen sich öde Verben, tauscht sie aus.

◄ **Benutzt Gefühls-Worte.** Hier ist es wichtig, nicht in abgedroschenen Phrasen zu bleiben. „Zerreißt Euch etwas das Herz?" Dann denkt nochmal nach, wie sich das genau anfühlt. Da gibt es bessere Formulierungen: Ist es so, als habe ein Laster Euer Herz überrollt? So, als seid Ihr verwundet? Der französische Schriftsteller Gustave Flaubert verbrachte Wochen damit, „le mot juste" zu suchen, das perfekte Wort. So lange müsst Ihr nicht rummachen. Fünf Minuten reichen.

◄ **Schreibt nicht zu lang:** Geht Euren Text nach dem Schreiben mehrere Mal durch und kürzt Wiederholungen. Streicht Nebensätze zusammen. Bleibt in Eurer Sprache simpel – die Gefühlswelt ist schon kompliziert genug.

◄ **Hört beim Schreiben Musik.** Manchmal passt vielleicht eine traurige Ballade zu Eurer aktuellen Stimmung, manchmal ein wütender Rammstein-Song. In den seltensten Fällen ist es der Schleudergang der Waschmaschine. Also: Alltag aussperren und sich für eine Stunde voll und ganz auf die Gefühls-Ebene einlassen.

◄ **Bietet Trost oder sucht Hilfe:** Ihr habt Eure Leser in einen Emo-Strudel gezogen, jetzt müsst Ihr sie auch wieder rausholen! Bietet entweder eine Wendung oder ein persönliches Ende an – oder fragt ganz offen um Rat. Ihr werdet sehen, da tut sich eine ganze Menge.

Echt muss es sein, das ist das Wichtigste bei emotionalen Posts. Billiges Schielen auf Traffic durchschauen Follower in der Regel sofort. Authenticity sells!

DIE KÖNIGSKLASSE:
WITZIG TEXTEN

Es ist die Frage, die mir Teilnehmer*innen meiner Workshops am häufigsten stellen: „Wie texte ich lustig?"

Zum Glück schreiben wir alle für Social Media – und nicht etwa für ein High-End-Printmedium. Will sagen: Wenn Ihr die wichtigsten Handwerksregeln befolgt, dürft Ihr spielerisch rangehen. Instagram, Facebook und Twitter bieten die perfekten Plattformen für Sprach-Spieltrieb. LinkedIn würde ich als Witze-Forum aussparen, weil hier seriösere Texte gefragt sind. Dort seid Ihr unter Fachleuten, Schenkelkracher sind fehl am Platz. Überall sonst dürft Ihr Lachen aus den Leuten rauskitzeln. Am schnellsten viral gehen immer die lustigen Videos und Memes. Die beliebtesten Werbefilme sind lustig. Aber wie bekomme ich den Witz in meine Worte? Ein paar Tipps:

- **Niemanden diskriminieren**. Ein No-Brainer, könnte man meinen. Social Media-Posts bieten sich an, um nervigen Leuten oder Institutionen noch einen mitzugeben. Aber hier solltet Ihr bitte ein Mindest-Niveau einhalten und nicht verbal draufhauen.

- **Comic-Sprache**. Wenn Ihr jünger seid und selbst so sprecht, streut gern mal ein BÄM ein oder ein OOPS, aber bitte wohldosiert, das wirkt sonst schnell peinlich.

- Natürlich dürft Ihr experimentieren und **neue Worte** kreieren. Mache ich oft für meinen Blog: „Die Sonderbrotschafter", „das Krisus" sind solche Hybriden.

- **Überraschungs-Kombi**: Bringt Dinge zusammen, die nichts miteinander zu tun haben: „Mein Lieblingsfeind" zum Beispiel.

- Schreibt Euch vorher ein **Wortfeld** auf. Beispiel: Ich sollte mal einen Beitrag betexten, in dem Lukas Podolski eine Eisdiele eröffnet. Ja richtig: Der Fußballer, die Bälle...und schon flattern Worte in die Tasten: „Hat einen an der Waffel, das Sahnehäubchen, kommt nicht in die Eistüte, kann gut mit Kugeln, zum Dahinschmelzen"...Für so ein Wortfeld braucht ihr 5 Minuten – und schon habt Ihr ein paar nettere Ausdrücke für einen vielleicht öden Sachverhalt.

- **Alliterationen**: „Back-Blogger und ihr Butter-Glück." Zugegeben, mehrere Wörter mit demselben Buchstaben anfangen zu lassen, ist eine Holzhammer-Methode. Aber hey, es ist legitim und macht Sätze griffig.

✈ Stellt **Sprichwörter auf den Kopf**. Nichts ist öder im Fließtext als ein Sprichwort, das irgendwie aus Omas Zeiten kommt. Alle kennen es, aber es bringt den Text nicht wirklich voran. Ganz schlimm wird es, wenn Texter noch „bekanntlich" dazu schreiben: „Übung macht ja bekanntlich den Meister" oder „Liebe geht bekanntlich durch den Magen" oder „Aller Anfang ist schwer". Wieso die Kalenderweisheiten nicht mal abwandeln: „Liebe geht durch den Kragen?" oder „Übung macht den Kleister". Ihr habt hier völlig freie Hand und schlagt zwei Fliegen mit einer Klappe: Eure Texte werden Floskel-freie Zone – und Ihr sorgt für ein paar Schmunzler.

✈ **Tabus brechen**. In der Serie „Modern Family" adoptiert ein schwules Paar ein Mädchen aus Vietnam. Die Kleine, Lily, entpuppt sich nicht als Überfliegerin. Die Väter finden, es sei schade, dass sie die einzige nicht-ehrgeizige Asiatin der Welt abbekommen hätten. Ein lustiger Tabu-Bruch, der natürlich sehr sensibel und sparsam platziert werden muss.

Was, wenn die Leute da draußen diesen Spruch eher platt und peinlich finden? Solltet Ihr Euch nicht trauen, fragt nochmal einen Freund oder eine Freundin. Ansonsten fahrt Ihr besser auf Nummer sicher. Ihr müsst Lust haben, lustig zu sein. Alles andere endet im Krampf. Mit jedem neuen Post könnt Ihr ja ein Wortspiel oder eine Pointe einflechten und Euch steigern.

4

ZUM

SCHLUSS

GOLDENE SCHREIB-TIPPS

Bis hierhin klingt alles schön und gut. Aber, was mache ich, wenn ich vor lauter Theorie nicht weiß, wo ich ansetzen soll?

Hier hilft es, sich die wichtigsten Schreib-Regeln ins Gedächtnis zu rufen: Haltet Euch für jeden Text, den Ihr in den sozialen Medien veröffentlicht, an diese Text-Gebote. Dann kann kaum etwas schiefgehen:

1. Textet selbst!

Warum ihr Eure Worte nicht anderen überlassen solltest? Ganz einfach, weil es Eure Worte sind. Weil Ihr authentisch sein sollt. Weil niemand sich so ausdrückt. Solange Ihr ordentliches Deutsch und korrekte Rechtschreibung verwendet, werden die Follower Euch in jeder Zeile wiedererkennen und Euren Auftritt als organisches Ganzes begreifen.

2. Timing ist alles

1 Zeile sind 5 Sekunden – das ist die Grundregel fürs TV-Texten. Warum das auch für Social Media wichtig ist? Ganz einfach: Weil kurze Sätze die besseren Sätze sind. Schachtel-Konstruktionen, die sich über drei Zeilen schlängeln, liest niemand gern.

3. Gute Hashtags

Es gibt immer ein paar, die gerade hip sind, aber schon wenige Wochen später total veraltet wirken. Mit #couplegoals #friendshipgoals #livingthegoodlife und #yummy #wokeuplikethis bekommt ihr vielleicht erstmal Klicks, aber dann muss Euch noch mehr einfallen.

4. Erzählt EINE Geschichte

Jeder Post erzählt EINE Geschichte, das ist die Kernthese. Und unter diese Kernthese muss alles andere passen. Und zwar egal, ob auf 5 oder 100 Zeilen. Viele missverstehen diesen Punkt und packen einfach alles rein. Hier müsst Ihr Euch bremsen und genau überprüfen: Hat das jetzt wirklich mit dem zu tun, was ich mit der ganzen Story sagen will? Oder produziere ich nur Verbal-Durchfall und stehle meinen Lesern mit unwichtigen Details die Zeit? Jeder Satz sollte zu der wichtigsten Aussage passen. Beispiel: Ihr schreibt über diesen Traumstrand? WAS ist eure Story? Ihr wart dort? Na gut. Aber was ist das Spezielle? War es genau dieser Tag, an dem der Jetlag Euch zwang, Euch am Strand langzumachen und Ihr dann diesen irren Sonnenbrand hattet? Hat Euch der Sonnenuntergang in eine Sinn-Krise gestürzt? Dachtet Ihr: Warum bin ich nicht öfter an solchen Orten? Konntet Ihr in diesem Moment noch nicht ahnen, dass Ihr gleich einen Heiratsantrag kriegen würdet? Lasst Eure Follower daran teilhaben. Erzählt Eure Geschichte – und sei sie noch so kurz.

5. Laut sprechen

Social Media-Texte werden gelesen und gesehen, gehen also über Augen und Ohren. Aber natürlich arbeiten alle Sinne mit. Daher ist es wichtig, dass all Eure Texte auch gut zu sprechen sind. Das ist etwas anderes als Umgangssprache. Wenn Ihr den Text einmal laut selbst lest, hört Ihr ganz schnell, ob sich das Ganze gut anhört oder holpert.

6. Die zweite Instanz

Der Post ist fertig? Prima. Dann auf gar keinen Fall sofort veröffentlichen – sondern noch einmal drüberlesen. Oder ihn einer Freundin/einem Freund zeigen. Versteht er oder sie sofort, was gemeint ist, und entdeckt keine gröberen Fehler, dann ist alles spitze. Die 5 Minuten Wartezeit lohnen sich. Regelmäßig mit sprachlich lausigen Posts aufzufallen, schadet Euch langfristig als Marke.

7. Wäscheleinen-Prinzip

Bei einem längeren Post müsst Ihr immer wieder sagen, worum es eigentlich geht. Spätestens in den hashtags taucht der Betreff dann wieder auf – der Text vorher sollte aber eine Rampe dorthin bauen und zielgenau zu Eurem Anliegen führen. Beispiel: Ihr schreibt übers Laufen und Outdoor-Sport? Eure Kernthese ist vielleicht „morgens ist Sport am ef-

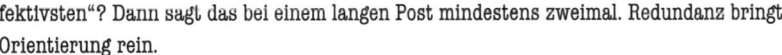

fektivsten"? Dann sagt das bei einem langen Post mindestens zweimal. Redundanz bringt Orientierung rein.

8. Gefühle

...ziehen alle Menschen sofort rein. Auch Social Media lieben Gefühle. Teilt bitte keine Tafeln mit Kalendersprüchen. Eure Gefühle sind es, die alle interessieren. Das geht in Kurzform und mit treffenden Worten sogar bei Twitter. Einzige Ausnahme: Ein Wirtschafts- oder Wissenschaftsartikel etwa bei LinkedIN. Hier ist maximal Eure Einschätzung erlaubt.

9. Recherche

Die wenigsten Social Media-Aktiven machen sich die Mühe, einmal kurz bei Google nach Informationen zu suchen, die ihren Post untermauern und glaubwürdiger machen. Beauty-Bloggerinnen könnten schreiben: „65 % aller Amerikanerinnen finden Mascara wichtig – und deshalb habe ich hier meine neue Super-Lashes rausgebracht". Info plus Star-Testimonial = guter Post. Oder, warum schreibt eine Fashion-Influencerin nicht mal: „Laut einer Studie besitzt jede dritte Deutsche im Laufe ihres Lebens mindestens ein LBD – ein Little Black Dress, ein schwarzes Cocktailkleid. Kein Wunder, dass auch ich verrückt nach den Teilen bin". Das sind jetzt alles aus der Luft gegriffene Beispiele. Aber Ihr merkt: Wenn zum I wie Instagram noch das J wie Journalismus dazukommt, wird daraus ein Schuh.

10. Info schlägt Adjektiv

Fast jedes Adjektiv kann weg. Ein Beispiel: „Diese wunderschönen Schuhe haben mir den tristen Herbst gerettet". Ob die Schuhe wunderschön sind, beurteile ich selbst. Eine Info passt hier besser. So etwas wie „Wie rote 12 Zentimeter Stilettos mir den grauen Novembertag versüßen." Wir alle benutzen Adjektive, weil wir Dinge beschreiben wollen. Aber meist sind sie überflüssig.

11. Keine Fremdwörter

Für jedes Fremdwort gibt es ein schönes deutsches Wort. Fremdwörter lenken ab, bringen eine Sollbruchstelle in den Text und sind schlecht für Eure Leserbindung. In meinen Reporterjahren habe ich Hunderte Wissenschaftler und Juristen interviewt und immer wieder gebeten, das Fach-Chinesisch ins Deutsche zu übersetzen. Eure User sollen dranbleiben, nicht anfangen, herumzugoogeln. Klar, es gibt Begriffe wie Empathie oder Authentizität, die gehören mittlerweile zum festen Stamm an Modewörtern. Alles andere kann weg.

12. Schreibt im Präsens

Es sei denn, ihr postet ein Throwback-Foto. Erinnerungen dürfen natürlich in der Vergangenheit stehen. Wichtig hierbei: Einmal kurz einordnen, von welchem Zeitpunkt Ihr sprecht. Beispiel: „Sommer 1990, ich tuckerte mit meinem alten Golf und drei Freundinnen durch die Pyrenäen…". Oder „Heute morgen wurde mir beim Blick in den Spiegel fast übel…" Alles andere passiert: Jetzt, im Präsens.

13. Stellt Fragen

Hier gibt es zwei Möglichkeiten: Möglichkeit 1: Die Frage am Anfang. Beispiel: „Habt Ihr es auch satt, die Suchmaschine für die ganze Familie zu sein?". Diese Frage gleich zu Beginn zieht die Leute direkt rein. Zumindest die, die ein ähnliches Problem haben (also vermutlich alle Mütter). Möglichkeit 2: Die Frage am Ende. Vorsicht, hier dürft Ihr nicht in Influencer-Allerwelts-Blabla verfallen. „Und was macht Ihr Schönes am Wochenende?" klingt zu sehr nach „Bitte gebt mir Traffic!". Wie wärs stattdessen mit einer „Would you rather"-Frage? „Was ist mit Euch? Wärt Ihr lieber reich oder immun gegen Krankheiten?" Fragen zeigen nicht nur, dass Ihr Euch für die Leute interessiert. Sie kitzeln auch die Eitelkeit der User.

14. Keine Ironie

Ihr wollt beweisen, dass Ihr humorvoll seid? Dann macht das mit guten Wortspielen oder überraschenden Wendungen. Nicht mit Ironie oder Zynismus. Insider-Witze verstehen nur ein paar Eingeweihte, der Rest versteht es nicht oder wertet es als Arroganz. In jedem Fall nicht zielführend ist Ironie im Text. Ironie kann ein paar wenige Leser freuen, aber unverhältnismäßig viele verprellen. Bis auf perfekt satirische Publikationen wie den „Postillon" gilt für Social Media-Aktive: Iro – NIE – oder zumindest sehr sparsam.

15. Bringt Jalapeños rein

Lasst nicht zu, dass Euer Text öde dahinfließt. Wechselt kurze Sätze mit langen ab und kurze Absätze mit ausführlicheren. Macht Doppelpunkte und Gedankenstriche, würzt mit kurzen Dialogen oder direkter Rede. Leser lieben es, jemanden reden zu „hören". Setzt ganz neue Worte zusammen wie Flirt-Escape-Formel. Nutzt substantivierte Verben wie „Tindern" oder „fatshamen", Bezeichnet das, was Angela Merkel tut, als „rumrauten". Lasst Euch nicht mit sperrigen Worten wie Nachhaltigkeit abspeisen. Tausendmal gehört, nie verstanden. Warum nicht: „Ihr liebt schöne Natur? Warum macht Ihr nicht so Urlaub, dass Ihr sie nicht zerstört?"

16. Keine PR-Texte

Abseits der juristischen Eckpfeiler – bezahlte Werbung und Verlinkung müssen gekenn-zeichnet werden – gibt es noch eine stilistische Grundregel: Auch, wenn Ihr Werbung macht, seid Ihr keine PR-Agentur. Ihr müsst kein Marketing-Deutsch sprechen, um KundInnen gerecht zu werden. Sie haben Euch gebucht, damit Ihr das Produkt bewerbt. Press-Kits von PR-Menschen, die vorher verschickt oder von der Homepage kopiert werden, sind keine sprachliche Hilfe. Im Gegenteil: Der erste Impuls „Ui, prima, jetzt hab ich schon einen vorgefertigten Post" ist oft genau der Falsche. Euer redaktioneller Job besteht vor allem daraus, aus PR-Quatsch einen echten, authentischen Text zu machen. Wenn Ihr über Worte wie „Markenkern" stolpert, tun es auch die Follower.

17. Verkaufen

Natürlich wollen viele von Euch auch etwas verkaufen. Das geht meist über die bewährten Tricks, die Ihr sprachlich aber auch schön formulieren könnt:

- Begrenztes Angebot: „Ich habe nur noch fünf dieser Starterkits." „Nur noch für kurze Zeit."
- Schreibt so konkret wie möglich. Wie wärs zum Beispiel mit: „Greift jetzt zu und freut Euch schon in zwei Wochen über straffere Oberschenkel?" „Endlich mal pünktlich zur Freibaderöffnung eine Taille!"
- Seid ehrlich. „Dieser Blog wird Euch nicht zu Germany's Next Topmodel katapultieren. Er kann aber helfen, dass Ihr Euch auf der nächsten Party schöner fühlt" klingt doch gleich viel sympathischer.

18. Immer besser werden

Schon oft wurde ich als Texterin für Projekte eingesetzt. Ich bekam Dutzende Mails mit Infos, einen Link zum Film und schrieb los. Dann kam das große Warten. Eine gewisse Selbstsicherheit hatte ich mir schon erschrieben. Hey, dachte ich, ich habe schon Tausende TV-Beiträge getextet, was soll bitte daran schlecht sein? Tage später kam die Antwort:

„Gefällt uns nicht. Zahlt nicht auf die Marke ein. Zu verspielt. Zu informativ. Zu entertainig. Zu wenig entertainig." Sucht Euch aus dem Kunden-Nörgel-Baukasten irgendetwas aus. Klar ist: Neben Handwerk ist bei Text-Aufträgen eine Menge Geschmack und Politik im Spiel: Welche Linie fährt der Kunde gerade? Was kommt gut an, bringt Leser und Quote?

Erst war ich sauer, fühlte mich missverstanden. Irgendwann begriff ich: Es geht darum, die handwerkliche Kritik zu akzeptieren, dazuzulernen, besser zu werden. Wenn es persönlich wird, setzt Euch mit Argumenten zur Wehr. Das Schöne am Blog: Ihr könnt genauso schreiben, wie Ihr wollt. Es kann schiefgehen, aber das gehört dazu.

Distanziert Euch von der perfekten Welt der Influencer. Wir alle versuchen, so gut wie möglich zu sein. Aber wir sind Menschen. Menschen machen Fehler und haben Formschwankungen. Fehler zuzugeben und aufzuarbeiten macht sympathisch und nahbar – und langfristig erfolgreicher.

DER SCHLUSS

Bei Romanen habe ich einen Tick: Ich lese immer zuerst die letzte Seite. Liegen da alle tot im Bombenhagel oder stehen absprungbereit am Bahngleis, lese ich nicht weiter. Warum? Weil ich keine Lust habe, mir 400 Seiten zu geben, die am Ende tragisch enden. Aber bei Social Media ist das anders. Hier geht es um ein gutes Ende. Endlich könnt Ihr mal die letzte Seite bestimmen.

Stellt Euch die Situation vor: Euer Blogartikel ist fertig. Ihr habt alle Regeln beachtet. Das Ding kann raus – fast: Denn genauso wichtig wie ein Hammer-Anfangssatz sollte der Schluss sein. Es macht keinen Sinn, jetzt irgendetwas Liebloses hinzuschmieren, damit Ruhe ist. Das gilt übrigens auch für Insta-Posts: Bevor die Hashtag-Arie kommt, muss ein richtig guter Satz her. Aber wie finde ich den?

- ⟡ **Call to Action** oder die Aufforderung zu Kommentaren oder Likes.
- ⟡ Eine **Schlusspointe**. Zugegeben, die Versuchung ist groß, die am Anfang rauszuhauen. Aber versucht, Euch noch ein kleines Schmunzeln für das Ende aufzuheben.
- ⟡ **Zusammenfassung**. Saubere Lösung: Ihr formuliert das Fazit des ganzen Textes noch einmal in einem Satz, der mit einem starken Wort endet. Wichtig bei informativen, politisch eingefärbten Texten und Kommentaren. Die Leute sollen sich ja eine Meinung bilden.
- ⟡ Die **Message** noch einmal mit dem Holzhammer! Wenn Euch diese eine Aussage wichtig ist wie z.B. „Wahlrecht schon mit 16!", bringt sie am Ende noch einmal.
- ⟡ Mit einer **Info** aufhören. Unsere Nachrichten sind rasend schnell. Jede Minute kommen neue Statistiken, die Eure These untermauern oder zerstören können. Werft Euch am Ende noch einmal ins Google-Rennen, denn zwischen dem ersten Satz und der Veröffentlichung liegen oft Tage, in denen viel passieren kann. Das ist journalistisch sauber und macht Euch glaubwürdiger!

Dieser letzte Kraftakt lohnt sich. Denn der Schluss bleibt im Gedächtnis. Mit einem wirklich guten Ende hallt der Post noch ein bisschen in den Köpfen nach. Es ist ein bisschen wie beim Silvesterfeuerwerk. Gerade, wenn alle denken, das wars, kommt noch das Finale Furioso.

In meinen Workshops bin ich immer wieder erschüttert, wie wenig die Leute lesen. Oft sitzen da 20-30 Leute, die nie eine Zeitung aufschlagen oder sich in einen Schmöker vertiefen. Klar, alle scrollen hektisch durch Online-Medien. Aber das ist nicht dasselbe. Hier kommt meine unumstößliche Wahrheit: Nur, wer liest, schreibt gut. Erst bei der Lektüre von Hunderten von Romanen habe ich für mich selbst herausgefunden, welche Schreibe ich mag, welche Autoren überschätzt sind. Das alles geht nur, indem man regelmäßig liest.

Man könnte ja annehmen, Leute, die sich mit dem Verfassen schöner Texte beschäftigen, lesen auch gern welche. Aber weit gefehlt: Folgt man der Leseforschung, bewegen wir uns von Deep Reading, also dem Eintauchen in den Inhalt, zu einem oberflächlichen Überfliegen von Texten. Wir sind immer auf der Suche nach neuem Content.

Vor Kurzem schockte eine Studie zum Leseverhalten: Laut zeit.de vom 23.12.2019 haben sich sechs Millionen Deutsche endgültig vom Lesen verabschiedet. Die Verbleibenden lesen immer schlechter.

Bitter. Nur noch von Worthappen zu Worthappen zu springen, ist ein gefährlicher Trend, den wir stoppen sollten.

Elon Musk, Mark Zuckerberg und Bill Gates verschlingen angeblich Hunderte Bücher jedes Jahr. Ich selbst komme auf ein Buch pro Woche. Meist Romane, manchmal Ratgeber, viel auf Deutsch, manchmal auf Englisch. Es reicht, immer wieder mal in ein Buch oder eine Zeitung zu schauen, um ein Gefühl für Sprache zu bekommen. Aber **was** soll ich denn lesen? Fragen mich die Workshop-Leute oft. Meine Antwort: Probiert es aus! Sachbücher, Biografien, Thriller, Krimis, Liebesromane, Kurzgeschichten, jeder und jede muss für sich selbst herausfinden, bei welchen Büchern sich dieses Gefühl einstellt, bei dem Du die Welt um Dich herum vergisst und die Glotze ausschaltest – um in eine andere Welt einzutauchen.

Ob e-Reader oder die 40-seitige Wochenzeitung im Großformat. Was Ihr lest, ist völlig egal – aber lest!!!

ZUM ABSCHLUSS:
DIE CHECKLIST

Ihr habt einen Text geschrieben. Mega! Jetzt kommt der Abschluss-Check, bevor Ihr das Ding raushaut. Es dauert nur 5 Minuten – versprochen:

- HABT IHR EINE GESCHICHTE, UNTER DIE ALLE ABSÄTZE THEMATISCH PASSEN?
- HABT IHR EINE GUTE HEADLINE UND ZWISCHENÜBERSCHRIFTEN?
- SIND ANFANG UND ENDE STARK FORMULIERT?
- IHR HABT DEN LEUTEN ANFANGS ETWAS VERSPROCHEN - KONNTET IHR DAS HALTEN?
- HABT IHR LÄNGERE UND KURZE SÄTZE VARIIERT?
- HABT IHR ALLE FLOSKELN RAUSGESTRICHEN?
- HABT IHR EIN PAAR POINTEN EINGEBAUT?
- BAUT IHR EINEN SPANNUNGSBOGEN?
- HABT IHR VIELE VERBEN STATT SUBSTANTIV-MONSTER?
- HABT IHR FREMDWÖRTER UND FACHBEGRIFFE INS DEUTSCHE ÜBERSETZT?
- HABT IHR SCHACHTELSÄTZE IN KURZE, PRÄGNANTE SÄTZE UMGEWANDELT?
- HABT IHR ÜBERFLÜSSIGE ADJEKTIVE GESTRICHEN?
- HABT IHR FÜLLWÖRTER ENTFERNT?
- HABT IHR MAGISCHE WORTE IM TEXT?
- SCHIMMERT EUER STIL DURCH?
- SPRECHT IHR DIE LEUTE IMMER GLEICH AN?
- IST EURE RECHTSCHREIBUNG KORREKT?
- HABT IHR RECHERCHIERT UND EURE FAKTEN PARAT?
- HABT IHR EINE MIND-MAP UND KONNTET EIN BISSCHEN ABWECHSLUNG REINBRINGEN?
- HABT IHR WICHTIGE KEY WORDS IN DER ÜBERSCHRIFT ODER IM TEXT?

Dann raus damit. Drückt Senden, Veröffentlichen oder Teilen. Ihr seid jetzt gerüstet für perfekte Texte auf Social Media.

Ich hoffe, dieses Buch hat Euch zwei Dinge gebracht: Einerseits Tools, die Ihr jederzeit schnell nachschlagen könnt. Andererseits hoffe ich, dass ich Eure Liebe zur Sprache anfachen konnte. Social Media ist ein XXL-Freizeitpark für Wortkünstler. Noch ist hier viel mehr erlaubt als im Printbereich oder der Unternehmenskommunikation. Die Regeln sind nicht so starr. Jeder und jede kann sich versuchen. Nutzt das. Rammt ein paar handwerkliche Eckpfeiler in den Boden – und dann haut schöne Sätze raus, die informieren, unterhalten, berühren.

Denn das ist – auch in Zeiten, in denen sich scheinbar alles nur um Bilder dreht – das Wunder der Sprache.

LITERATUR/QUELLEN

Doris Dörrie – Leben, schreiben, atmen: Eine Einladung zum Schreiben, Diogenes 2019

Hans-Peter Förster – Texten wie ein Profi, Frankfurter Allgemeine Buch 2016

Martin Ordolf, Stefan Wachtel – Texten für TV, UVK 2014

Daniela Rorig – Texten können, Rheinwerk 2020

Wolf Schneider – Deutsch für junge Profis, Rowohlt-Verlag 2010

Blake Snyder – Rette die Katze, Das ultimative Buch übers Drehbuchschreiben, Autorenhaus Verlag 2015

Valentin Zahrnt – Professionell Schreiben, Frankfurter Allgemeine Buch 2013

···> www.chartable.com
···> https://www.chimpify.de/marketing/tricks-leseranalyse/
···> https://www.chimpify.de/marketing/wie-du-den-perfekten-blogartikel-schreibst-eine-ultimative-schritt-fur-schritt-anleitung/
···> https://conterest.de/schrift-blogs-text-tricks/
···> www.deppenapostroph.info
···> https://www.dwdl.de/zahlenzentrale/77009/maerzquoten_ard_und_zdf_legen_bei_juengeren_stark_zu/?utm_source=&utm_medium=&utm_campaign=&utm_term=
···> www.gruender.de
···> www.happyking-agency.com
···> www.internetworld.de
···> https://www.ionos.de/startupguide/produktivitaet/linkedin-zusammenfassung/
···> https://karrierebibel.de/linkedin-profil-verbessern/
···> https://www.lernen.net/artikel/besser-schreiben-lernen-uebungen-tipps-2249/
···> www.marketinginstitut.biz
···> https://www.musikexpress.de/die-besten-deutschen-podcasts-1315703/2/
···> www.onlinemarketing.de

···> https://www.pagepersonnel.de/advice/karriere-tipps/job-social-media/zum-perfekten-linkedin-profil-6-schritten

···> https://podcast-helden.de/intro-text-podcast-selber-schreiben/

···> https://podcast-machen.de/sprache-im-podcast/

···> https://sentimeo.com/blog-texte-tipps/

···> www.seocomplete.de

···> https://www.seokratie.de/gute-ueberschriften/

···> www.socialmedia-hoffmann.de

···> https://de.statista.com/statistik/daten/studie/70597/umfrage/twitter-accounts-nach-anzahl-follower/

···> https://super-sabine.de/gute-headlines-schreiben-tricks/

···> www.techtag.de

···> www.textschoepfung.de

···> https://www.121watt.de/online-marketing/ueberschriften-schreiben/

···> www.247grad.de